Partyküche

Parragon
Bath · New York · Singapore · Hong Kong · Cologne · Delhi · Melbourne

Entwurf und Realisation:
The Bridgewater Book Company Ltd.

Parragon Books Ltd
Queen Street House
4 Queen Street
Bath BA1 1HE, UK

Übersetzung aus dem Englischen:
Lisa Heilig (für rheinConcept)
Redaktion und Satz: rheinConcept, Wesseling
Koordination: trans texas Publishing Services GmbH, Köln

ISBN 978-1-4454-1191-0

Printed in China

HINWEISE

Sind Zutaten in Löffelmengen angegeben, ist immer ein gestrichener Löffel gemeint. Ein Teelöffel entspricht 5 ml, ein Esslöffel 15 ml.

Sofern nichts anderes angegeben ist, wird Vollmilch (3,5 % Fett) verwendet.

Eier und Gemüse (wie z. B. Kartoffeln) sollten generell von mittlerer Größe sein. Pfeffer sollte stets frisch gemahlen werden.

Die angegebenen Zubereitungszeiten können nur als ungefähre Richtwerte gelten.

Kinder, ältere Menschen, Schwangere, Kranke und Rekonvaleszenten sollten auf Gerichte mit rohen oder nur leicht gegarten Eiern verzichten.

Inhalt

Einleitung

Sie haben Gäste eingeladen und wollen sie mit kleinen kulinarischen Köstlichkeiten überraschen? Dann sind unsere Rezeptvorschläge genau das Richtige – entsprechen sie doch ganz unserem modernen Lebensstil: schnell und einfach in der Zubereitung, ungezwungen, optisch ansprechend und doch richtig lecker! Noch dazu ist auch Ihre Küche im Handumdrehen wieder sauber! Schon die Zubereitung der Gerichte macht Lust auf mehr, die bestimmt noch gesteigert wird, wenn Sie reichlich Lob für Ihre Kochkünste ernten. In diesem Buch finden Sie eine Vielzahl von Rezepten, die Sie individuell für jede Gelegenheit zusammenstellen können, egal ob für eine Stehparty, ein Picknick, einen klassischen Cocktail-Abend oder einen feierlichen Umtrunk im Familienkreis. Nehmen Sie sich aber stets genügend Zeit für die Zusammenstellung der Rezepte. Wählen Sie Gerichte aus, die den Vorlieben Ihrer Gäste entsprechen, die geschmacklich wie optisch zueinander passen und die Sie ohne Zeitdruck zubereiten können. So werden Ihre Gäste und Sie jeden Bissen garantiert genießen!

In unseren Rezepten werden alle nur erdenklichen Hauptzutaten und Aromen verwendet, darunter auch viele vegetarische Genüsse. Es ist also für jeden Geschmack etwas dabei. Wir haben uns in den beliebtesten Küchen der Welt umgesehen, und auch alle internationalen Partyspezialitäten sind mit dabei.

Wichtigstes Kriterium der Rezepte in diesem Buch ist die schnelle und einfache Zubereitung: Natürlich soll es den Gästen schmecken, man selber möchte dafür aber nicht den ganzen Abend in der Küche stehen, sondern die Feier ebenfalls genießen.

Wichtig ist auch eine ansprechende Präsentation, durch die selbst ein einfaches Gericht seinen großen Auftritt hat – mit kreativen Garnierungsideen und tollen Vorschlägen für Saucen, Dips und andere interessante Begleiter.

Viele Gerichte können im Voraus zubereitet werden, wie z. B. die im Kapitel Saucen & Dips (s. S. 8–55). Servieren Sie sie mit leckerem Brot oder Crackern. Im Kapitel Pizza, Toast & Co (s. S. 212–253) finden Sie Rezepte für Brotstangen mit Sesam oder Käse und anderen Spezialitäten, die ausgezeichnet zu unseren Partyköstlichkeiten passen.

Viele Gerichte schmecken lauwarm oder kalt am besten. Sie eignen sich deshalb besonders gut für ein Partybüffet oder ein Picknick.

Sogar einige Häppchen, die vorzugsweise warm serviert werden, können im Voraus zubereitet und kurz vor dem Servieren im Backofen oder unter dem Grill wieder erwärmt werden, was bei den kleinen Häppchen meist nur wenige Minuten dauert. So haben Sie die Möglichkeit, den Ablauf eines feierlichen Anlasses flexibel zu gestalten und mehrere Gerichte in den von Ihnen gewünschten Zeitabständen und nicht alles auf einmal zu servieren. So wird die Feier oder Party auch für Sie entspannter und geselliger.

Aber warum sollte man eigentlich all diese Köstlichkeiten nur zu besonderen Anlässen servieren? Vielleicht haben Sie auch an einem ganz gewöhnlichen Tag Lust, Ihre Familie oder Freunde damit zu verwöhnen. Nicht vergessen: Alles in diesem Buch ist in erster Linie zum Genießen da!

Grundlagen

Gäste zu empfangen und mit einigen köstlichen Häppchen zu bewirten sollte in erster Linie stets ein Vergnügen sein. Sie benötigen nur eine kleine Auswahl an Rezepten und ein wenig Vorbereitung.

Die richtige Basis

Im Supermarkt ist in der Regel eine große Auswahl küchenfertiger Partyhäppchen erhältlich, mit denen Sie Ihr Partybüffet ergänzen können. Brotstangen, Mais- oder Tortilla-Chips eignen sich bestens zum Tunken und Dippen. Erdnüsse sind echte Partyklassiker, aber auch Cashewkerne, Mandeln und Pistazien werden Ihren Gästen schmecken. Eine kleine Käseplatte mit frischem Weißbrot und Butter erfordert fast gar keinen Aufwand und findet immer Anklang.

Wenn Sie einige besonders aufwändige Gerichte anbieten, ergänzen Sie sie mit einfacheren, zum Beispiel gegrillten Hähnchenschenkeln, Würstchen und belegten Broten mit Kaviar, Ei, Räucherlachs oder Salami, garniert mit frischen Kräutern, in Scheiben geschnittenen Oliven, Silberzwiebeln oder Gurkenscheiben.

Wenn Sie nicht nur Fingerfood anbieten möchten, sind Salate eine tolle Idee. In den meisten Supermärkten sind mittlerweile die verschiedensten schmackhaften Blattsalate erhältlich. Nudel- und Reissalate mit einer farbenfrohen Mischung aus Mais, roten und gelben Paprikastreifen, Tomatenwürfeln, Erbsen und Schinken sind rasch und einfach

zubereitet und schmecken mit einer Vinaigrette ebenso gut wie mit einem Mayonnaise-Dressing.

Rohkost

Rohes und blanchiertes Gemüse passt perfekt zu den meisten Dips und sieht auf einem großen Servierteller einfach zum Anbeißen aus. Putzen Sie rote, gelbe oder orangefarbene Paprika und schneiden Sie sie in Streifen. Maiskölbchen und Spargel sollten vorher in leicht gesalzenem Wasser blanchiert werden. Kirschtomaten, kleine Champignons und Radieschen müssen nicht klein geschnitten werden und wirken optisch sehr ansprechend. Chicoréeblätter und Salatherzen, Blumenkohlröschen sowie Karotten-, Sellerie- und Gurkenstifte ergänzen die Auswahl feiner Rohkost.

Gemüsechips

Hausgemachte Gemüsechips sind eine köstliche Alternative zu den handelsüblichen Kartoffelchips. Selbstverständlich können Sie auch Kartoffeln verarbeiten, aber versuchen Sie es doch auch einmal mit Chips aus Karotten, Sellerie, Roter Bete, Süßkartoffeln und Pastinaken. Das Gemüse wird geschält und in sehr dünne Scheiben gehobelt. Maiskeim- oder Erdnussöl in einer Fritteuse oder einer großen Pfanne auf 180–190 °C erhitzen (ein Brotwürfel sollte darin in 30 Sekunden goldbraun frittiert sein) und die Gemüsescheiben frittieren. Dann lassen Sie sie auf Küchenpapier abtropfen und würzen sie mit Meersalz, Paprikapulver oder Cayennepfeffer. Nach dem Abkühlen sollten die Gemüsechips bis zum Verzehr luftdicht verschlossen aufbewahrt werden.

Saucen & Dips

Saucen, Dips und Aufstriche sind rasch und einfach zubereitet und extrem vielseitig. Die Zutaten werden in der Küchenmaschine oder mit dem Pürierstab püriert oder von Hand in einer Schüssel verrührt. So entstehen wunderbare internationale Spezialitäten wie Aïoli (s. S. 10), Hummus (s. S. 12), Taramasalata (s. S. 16), Guacamole (s. S. 18) oder scharfe mexikanische Salsa (s. S. 32). Sie können mit knackiger bunter Rohkost, Brotstangen oder Tortilla-Chips serviert werden. Andere Aufstriche und Pâtés verwandeln einfaches Brot oder Cracker zu köstlichen kleinen Kanapees, die sich nicht nur vorzüglich für ein Partybüffet eignen, sondern auch als raffinierte Appetizer für ein mehrgängiges Menü, z. B. Tapenade (s. S. 20), Pastete vom Räucherhering (s. S. 41) oder Hühnchenleberpastete (s. S. 42). In kleineren Portionen bereichern sie auch jeden Picknickkorb und jede Snack-Box.

Aïoli

Für 8 Personen

4 Knoblauchzehen
2 Eigelb
250 ml Olivenöl
etwas Zitronensaft
Salz und Pfeffer

ZUM SERVIEREN
Rohkost (s. S. 36)
8 hart gekochte Eier, gepellt

1 Die mit einer Prise Salz bestreuten Knoblauchzehen in eine Glasschüssel legen und mit einem Löffel zerdrücken. Eigelb zugeben und kurz mit dem Mixer schaumig schlagen.

1

2 Das Öl sehr langsam portionsweise zugießen und dabei mit dem Mixer weiterschlagen, bis die Mischung eindickt. Das restliche Öl dann ebenso langsam zugießen und ständig weiterschlagen.

2

3 Ein wenig Zitronensaft zugeben, bis die Mayonnaise die richtige Konsistenz hat. Nach Geschmack mit Salz und Pfeffer nachwürzen. Mit Frischhaltefolie abdecken und bis zum Verzehr im Kühlschrank aufbewahren.

4 Vor dem Servieren das Aïoli wieder auf Zimmertemperatur bringen und in eine Servierschüssel geben. Die Rohkost mit den Eiern auf einer Servierplatte anrichten und dazu Aïoli reichen.

4

Paprika-Dip

Für 8 Personen

3 rote Paprika, halbiert
225 g Doppelrahmfrischkäse oder Sahnequark
½ TL Cayennepfeffer
Salz

ZUM SERVIEREN
Kirschtomaten
Radieschen
Radicchioblätter
Champignons, halbiert
Blumenkohlröschen
Stangensellerie, in Stücke geschnitten

1 Den Backofengrill vorheizen. Die Paprikahälften mit der Schnittseite nach unten auf ein Backblech legen und 10–15 Minuten rösten, bis die Haut Blasen wirft und schwarz wird. Die Paprikahälften in einen Gefrierbeutel geben, verschließen und kurz abkühlen lassen.

2 Die Paprika aus dem Beutel nehmen und häuten. Das Fruchtfleisch grob hacken, in der Küchenmaschine zu einem glatten Püree verarbeiten und in eine Servierschale füllen.

3 Frischkäse oder Quark sorgfältig unterrühren. Mit Cayennepfeffer und Salz abschmecken. Mit Frischhaltefolie abgedeckt kalt stellen.

4 Zum Servieren die Schale mit dem Paprika-Dip auf einen großen Servierteller stellen und die Gemüse-Rohkost darauf anrichten.

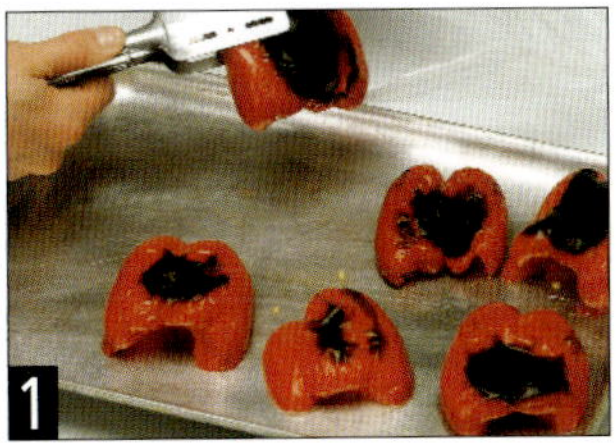

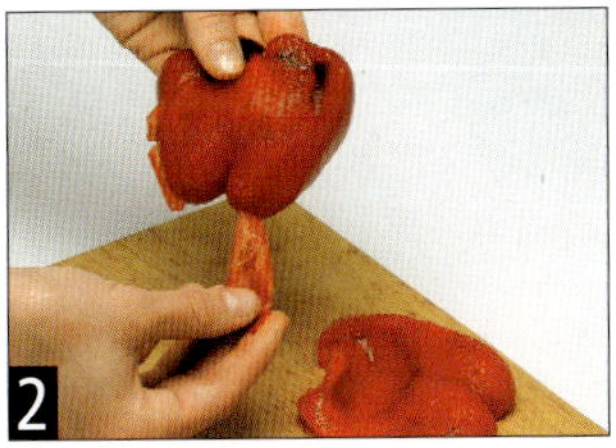

Hummus mit Mohn-Sesam-Brot

Für 8 Personen

350 g Kichererbsen aus der Dose, gewaschen und abgetropft
250 ml Tahini (Sesampaste)
4 Knoblauchzehen
Saft von 3 Zitronen
6 EL Wasser
Salz und Pfeffer
2 EL Olivenöl

MOHN-SESAM-BROT
50 g Sesamsaat, geröstet
125 g Mohn
4 EL frisch gehackter Thymian
150 ml Olivenöl
6 Pita-Brote
schwarze Oliven, zum Servieren

GARNIERUNG
2 EL frisch gehackte glatte Petersilie
Cayennepfeffer

1 Den Backofengrill vorheizen. Für das Brot Sesam, Mohn und Thymian in einem Mörser leicht zerdrücken und das Öl unterrühren. Die Pita-Brote durchschneiden und die Schnittseiten mit der Körner-Öl-Mischung bestreichen. Unter dem Grill goldbraun toasten. Auskühlen lassen und bis zum Verzehr luftdicht verschlossen aufbewahren.

2 Kichererbsen, Tahini, Knoblauch, Zitronensaft und 4 Esslöffel Wasser in der Küchenmaschine zu einer glatten Paste verarbeiten. Evtl. das restliche Wasser unterrühren. Alternativ die Zutaten mit einer Gabel zerdrücken.

3 Das Hummus in eine Servierschale füllen und salzen und pfeffern. Eine flache Mulde in die Oberfläche drücken und das Olivenöl hineingeben. Hummus bis zum Servieren mit Frischhaltefolie abgedeckt im Kühlschrank aufbewahren.

4 Vor dem Servieren das Hummus mit Petersilie bestreuen und leicht mit Cayennepfeffer bestäuben. Dazu schwarze Oliven und Mohn-Sesam-Brot reichen.

Baba Ghanoush

Für 8 Personen

3 große Auberginen
3 Knoblauchzehen, gehackt
6 EL Tahini (Sesampaste)
6 EL Zitronensaft
1 TL gemahlener Kreuzkümmel
3 EL frisch gehackte glatte Petersilie
Salz und Pfeffer
frische glatte Petersilie, zum Garnieren
Gemüsechips (s. S. 7), zum Servieren

1 Den Backofengrill vorheizen. Die Auberginen mehrmals mit einer Gabel einstechen und der Länge nach halbieren. Mit der Schnittseite nach unten auf ein Backblech legen und unter dem Grill 15 Minuten rösten, bis die Haut Blasen wirft und schwarz wird. Das Fruchtfleisch sollte sehr weich sein. Kurz abkühlen lassen.

2 Die Auberginen häuten und die überschüssige Flüssigkeit auspressen. Grob hacken und in die Küchenmaschine geben. Knoblauch und 2 Esslöffel Tahini zugeben und zu einem Püree verarbeiten, 2 Esslöffel Zitronensaft zugeben und erneut pürieren. Abwechselnd nach und nach restliches Tahini und Zitronensaft hinzufügen.

3 Wenn das Püree glatt ist, in eine Schüssel füllen und Kreuzkümmel und Petersilie unterrühren. Mit Salz und Pfeffer abschmecken.

4 Das Baba Ghanoush in eine Servierschale füllen. Wenn es nicht sofort serviert wird, mit Frischhaltefolie abgedeckt im Kühlschrank aufbewahren. Vor dem Servieren rechtzeitig herausnehmen, das Baba Ghanoush sollte wieder zimmerwarm sein. Mit Petersilie garnieren und mit Gemüse-Chips servieren.

1

2

2

Tsatsiki

Für 8 Personen

1 Salatgurke
2 Knoblauchzehen
8 Frühlingszwiebeln
500 g Naturjoghurt
5 EL frisch gehackte Minze
Salz und Pfeffer
ZUM SERVIEREN
küchenfertige Mini-Pita-Brote (erhältlich im Asia-Shop)
Sesam-Brotstangen (s. S. 246)

1 Gurke putzen, aber nicht schälen, fein würfeln. Knoblauch fein hacken und Frühlingszwiebeln in dünne Ringe schneiden.

2 Joghurt in einer Schüssel mit der Gabel glatt rühren.

3 Gurkenwürfel, Knoblauch, Frühlingszwiebeln und Minze unterziehen und abschmecken. In eine Servierschüssel geben und abgedeckt bis zum Verzehr im Kühlschrank aufbewahren. Mit Mini-Pita-Broten und Sesam-Brotstangen servieren.

Taramasalata

Für 8 Personen

225 g altbackenes Weißbrot
350 g geräucherter Kabeljau-Rogen
2 Knoblauchzehen, gehackt
2 Scheiben Zwiebel
4 EL Zitronensaft
175 ml Olivenöl
schwarze Kalamata-Oliven, zum Garnieren
Baguette, zum Servieren

1 Das Brot von der Rinde befreien, dann grob zerteilen und in eine Schüssel geben. Mit kaltem Wasser bedecken und 10 Minuten einweichen.

2 Unterdessen den Rogen von der dicken Außenhaut abschaben. Mit Knoblauch, Zwiebel und Zitronensaft in die Küchenmaschine geben. Das Brot mit der Hand auspressen und ebenfalls in die Küchenmaschine geben. Alles 2 Minuten glatt pürieren.

3 Bei laufendem Gerät nach und nach das Öl hinzufügen, bis die Masse glatt und cremig ist. In eine Servierschale füllen und bis zum Servieren mit Frischhaltefolie abgedeckt im Kühlschrank aufbewahren.

4 Mit den Oliven garnieren und mit frischem Baguette servieren.

Guacamole

Für 8 Personen

4 Avocados
2 Knoblauchzehen
4 Frühlingszwiebeln
3 frische rote Chillies
2 rote Paprika
5 EL Olivenöl
Saft von 1½ Limetten
Salz
frisch gehackter Koriander, zum Garnieren
Tortilla-Chips, zum Servieren

1 Die Avocados halbieren und entsteinen. Das Fruchtfleisch mit einem Löffel von der Schale lösen. In eine Schüssel geben und mit einer Gabel grob zerdrücken.

2 Knoblauchzehen, Frühingszwiebeln, Chillies und Paprika fein hacken und mit dem Avocadopüree verrühren. 4 Esslöffel Öl und den Limettensaft unterrühren. Mit Salz abschmecken. Für eine cremigere Konsistenz sämtliche Zutaten in der Küchenmaschine pürieren.

3 Guacamole in eine Servierschüssel geben. Mit dem restlichen Öl beträufeln, mit gehacktem Koriander bestreuen und servieren. Dazu Tortilla-Chips reichen.

2

1

3

Auberginenmus

Für 6–8 Personen

2 große Auberginen
1 Tomate
1 Knoblauchzehe, gehackt
4 EL natives Olivenöl extra
2 EL Zitronensaft
2 EL Pinienkerne, leicht geröstet
Salz und Pfeffer
2 Frühlingszwiebeln, in dünne Ringe geschnitten

GARNIERUNG
gemahlener Kreuzkümmel
2 EL frisch gehackte glatte Petersilie

1 Backofen auf 230 °C vorheizen. Die Auberginen mit einer Gabel rundum einstechen. Auf ein Backblech legen und im Backofen 20–25 Minuten backen, bis sie sehr weich sind.

2 Die Auberginen mit einem sauberen Geschirrtuch vom Backblech nehmen und abkühlen lassen.

3 Die Tomate in eine Schüssel geben, mit kochendem Wasser bedecken und 30 Sekunden ruhen lassen. Abgießen und sofort in kaltes Wasser legen. Die Tomate häuten, halbieren und mit einem Teelöffel entkernen. Das Fruchtfleisch fein würfeln und beiseite stellen.

4 Die Auberginen längs halbieren. Das Fleisch mit einem Löffel von der Schale lösen und in eine Küchenmaschine geben. Knoblauch, Olivenöl, Zitronensaft und Pinienkerne zufügen und mit Salz und Pfeffer abschmecken. Die Mischung gründlich in der Maschine verarbeiten.

5 Die Mischung in eine Schüssel geben, Frühlingszwiebeln und Tomate gut unterrühren. Abgedeckt 30 Minuten kalt stellen.

6 Den Dip mit etwas Kreuzkümmel und gehackter Petersilie garnieren und servieren.

Tapenade

Für 6 Personen

SCHWARZE TAPENADE

250 g eingelegte schwarze Oliven, abgetropft und entsteint

1 große Knoblauchzehe

1 EL grob gehackte Walnüsse

4 eingelegte Sardellenfilets, abgetropft

125 ml natives Olivenöl extra

Zitronensaft, zum Abschmecken

Pfeffer

GRÜNE TAPENADE

250 g eingelegte grüne Oliven, abgetropft und entsteint

4 eingelegte Sardellenfilets, abgetropft

4 EL Mandeln, blanchiert

1 EL eingelegte Kapern, abgetropft

125 ml natives Olivenöl extra

½–1 EL geriebene Orangenschale

Pfeffer

CROÛTES

Baguettescheiben (nach Belieben)

Olivenöl (nach Belieben)

frische glatte Petersilie, fein gehackt, zum Garnieren

1 Für die schwarze Tapenade Oliven, Knoblauch, Walnüsse und Sardellen in der Küchenmaschine zu einer glatten Masse pürieren.

2 Bei laufendem Gerät nach und nach das Olivenöl zugießen. Mit Zitronensaft und Pfeffer abschmecken. In eine Schüssel füllen, mit Folie abdecken und kalt stellen.

3 Für die grüne Tapenade Oliven, Sardellen, Mandeln und Kapern in eine Küchenmaschine geben und zu einer glatten Masse pürieren. Bei laufender Küchenmaschine langsam das Olivenöl zugießen. Mit Orangenschale und Pfeffer abschmecken. In eine Schüssel füllen und mit Frischhaltefolie abgedeckt kalt stellen.

4 Für die Croûtes die Baguettescheiben auf beiden Seiten knusprig rösten und sofort mit Olivenöl bepinseln.

5 Die Croûtes mit Tapenade bestreichen und mit Petersilie garniert servieren.

Kräuterrahm-Dip

Für 4 Personen

225 g Doppelrahmfrischkäse
125 g Naturjoghurt
oder saure Sahne
1 EL frisch gehackte Petersilie
1 EL frisch gehackter Thymian
2 Frühlingszwiebeln, fein gehackt

1 Den Frischkäse in einer Schüssel glatt und cremig rühren.

2 Joghurt oder saure Sahne, Kräuter und 1 gehackte Frühlingszwiebel sorgfältig unterziehen.

1

2

4

3 Mit Frischhaltefolie abgedeckt mindestens 30 Minuten kalt stellen. Gründlich umrühren und in eine Servierschale füllen.

4 Den Dip vor dem Servieren mit der zweiten gehackten Frühlingszwiebel bestreuen.

Skordalia

Für 6 Personen

60 g Brot vom Vortag
150 g ganze Mandeln
4–6 große Knoblauchzehen, grob gehackt
150 ml natives Olivenöl extra
2 EL Weißweinessig
Salz und Pfeffer
frischer Koriander oder frische glatte Petersilie, zum Garnieren
Sesam-Brotstangen (s. S. 246), zum Servieren

1 Das Brot von der Rinde befreien und in kleine Stücke schneiden. In eine Schüssel geben, mit Wasser bedecken und für 10–15 Minuten quellen lassen. Das Brot gründlich ausdrücken und beiseite stellen.

1

2 Zum Blanchieren die Mandeln in eine Schüssel geben und mit kochendem Wasser bedecken. 30 Sekunden stehen lassen, dann abgießen. Die Haut sollte sich jetzt leicht abziehen lassen.

2

3 Mandeln und Knoblauch in eine Küchenmaschine geben und sehr fein zerkleinern. Das Brot zufügen und zu einer glatten Masse mixen.

3

4 Das Öl in einem dünnen Strahl zugießen, bis dicke Mayonnaise entsteht. Essig zugießen und erneut mixen. Mit Salz und Pfeffer würzen.

5 Die Mischung in eine Schüssel geben, abdecken und kalt stellen. Die Skordalia ist im Kühlschrank bis zu 4 Tage haltbar. Zum Servieren mit frischen Kräutern garnieren und dazu Sesam-Brotstangen reichen.

VARIATION

Es gibt viele Versionen dieser kräftigen Creme. Sie können das Brot durch 4 Esslöffel weiße oder dicke Bohnen ersetzen oder statt des Weißweinessigs frisch gepressten Zitronensaft verwenden.

Gemüse mit Sesam-Dip

Für 4 Personen

225 g kleine Brokkoliröschen
225 g kleine Blumenkohlröschen
225 grüner Spargel, in 5 cm lange Stücke geschnitten
2 kleine rote Zwiebeln, geviertelt
1 EL Limettensaft
2 TL geröstete Sesamsaat
1 EL frisch gehackter Schnittlauch, zum Garnieren

SESAM-DIP
1 TL Maiskeimöl
2 Knoblauchzehen, zerdrückt
½–1 TL Chilipulver
Salz und Pfeffer
2 TL Tahini (Sesampaste)
175 g fettarmer Naturjoghurt
2 EL frisch gehackter Schnittlauch

1 Den Boden eines Bambus-Dämpfers mit Backpapier auslegen und Brokkoli, Blumenkohl, Spargel und Zwiebeln hineingeben.

2 Wasser in einem großen Topf oder in einem Wok aufkochen und den Dämpfer hineinsetzen. Das Gemüse mit Limettensaft beträufeln und 10 Minuten bissfest dämpfen.

3 Für den Sesam-Dip das Öl in einer kleinen beschichteten Pfanne erhitzen. Knoblauch mit Chilipulver, etwas Salz und Pfeffer bei geringer Hitze 2–3 Minuten andünsten.

4 Die Pfanne vom Herd nehmen. Tahini und Joghurt unterrühren. Die Pfanne wieder auf den Herd stellen und 1–2 Minuten erhitzen, ohne dass die Masse kocht. Den Schnittlauch unterrühren.

5 Das Gemüse aus dem Dämpfer nehmen und auf einem vorgewärmten Servierteller anrichten. Mit Sesam und Schnittlauch garnieren und mit dem Sesam-Dip servieren.

Einfacher Zwiebel-Dip

Für 4 Personen

250 g saure Sahne

3 EL getrocknete Zwiebelflocken

2 Würfel Rinderbrühe, zerkrümelt

TIPP

Rühren Sie gehackte Petersilie oder Schnittlauch unter und bestäuben Sie den Dip mit Paprika.

1 Alle Zutaten in einer kleinen Schüssel sorgfältig verrühren.

2 Mit Frischhaltefolie abgedeckt mindestens 30 Minuten im Kühlschrank ziehen lassen.

3 Gründlich umrühren und in eine Servierschale füllen.

1

1

1

Linsen-Mandel-Mus

Für 4 Personen

4 EL Butter
1 kleine Zwiebel, gehackt
100 g rote Linsen
300 ml Gemüsebrühe
75 g blanchierte Mandeln
75 g Pinienkerne
½ TL gemahlener Koriander
½ TL gemahlener Kreuzkümmel
½ TL frisch geriebener Ingwer
1 TL frisch gehackter Koriander
Salz und Pfeffer
frische Korianderzweige, zum Garnieren

ZUM SERVIEREN
Rohkost (s. S. 36)
Brotstangen

VARIATION

Sie können auch grüne oder braune Linsen verwenden – diese benötigen allerdings eine längere Garzeit. Die Mandeln können durch Erdnüsse ersetzt werden. Statt frischem kann ½ Teelöffel gemahlener Ingwer verwendet werden.

1 Die Hälfte der Butter in einem Topf zerlassen und die Zwiebel bei mittlerer Hitze unter häufigem Rühren goldgelb andünsten.

2 Linsen und Brühe zugeben und aufkochen. Die Hitze reduzieren und bei offenem Deckel 25–30 Minuten sanft köcheln lassen, bis die Linsen gar sind. Gut abtropfen lassen.

3 Die restliche Butter in einer kleinen Pfanne zerlassen. Mandeln und Pinienkerne bei geringer Hitze unter häufigem Rühren goldbraun rösten. Die Pfanne vom Herd nehmen.

4 Linsen, Mandeln, Pinienkerne und die Butter aus der Pfanne, den gemahlenen und gehackten Koriander, Kreuzkümmel und Ingwer in die Küchenmaschine geben und 15–20 Sekunden glatt pürieren. Alternativ die Linsen mithilfe eines Holzlöffels durch ein Sieb streichen und mit den fein gehackten Nüssen und Gewürzen verrühren.

5 Nach Geschmack mit Salz und Pfeffer würzen und mit Korianderzweigen garnieren. Dazu Rohkost und Brotstangen reichen.

2

3

4

Himmlischer Knoblauch-Dip

Für 4 Personen

2 Knoblauchknollen
6 EL Olivenöl
1 kleine Zwiebel, fein gehackt
2 EL Zitronensaft
3 EL Tahini (Sesampaste)
2 EL frisch gehackte Petersilie
Salz und Pfeffer
frische Rohkost, zum Servieren
Baguette oder warme Pita-Brote, zum Servieren

VARIATION

Alternativ können Sie auch geräucherten Knoblauch verwenden. Da er nicht geröstet werden muss, lassen Sie den ersten Schritt aus. Mit diesem Dip können Sie auch Kebabs und vegetarische Burger bestreichen.

1 Die Knoblauchknollen in einzelne Zehen zerteilen. Auf ein Backblech legen und in einem auf 200 °C vorgeheizten Backofen 8–10 Minuten rösten. Beiseite stellen und einige Minuten abkühlen lassen.

2 Die Knoblauchzehen schälen und fein hacken.

3 Das Öl in einer Pfanne erhitzen. Knoblauch und Zwiebel zugeben und unter gelegentlichem Rühren bei geringer Hitze 8–10 Minuten weich dünsten. Dann die Pfanne wieder vom Herd nehmen.

4 Zitronensaft, Tahini und Petersilie einrühren. Salzen und pfeffern, dann in eine kleine feuerfeste Schüssel geben und warm stellen.

5 Den fertigen Dip mit der frischen Rohkost, Baguette oder warmem Pita-Brot servieren.

Auberginenmus mit Sesam

Für 4 Personen

1 Aubergine

4–6 EL Olivenöl

Saft von 1–2 Zitronen

4–6 EL Tahini (Sesampaste)

1–2 Knoblauchzehen, zerdrückt

1 TL Sesamsaat, zum Garnieren

1 Den Backofengrill oder eine Grillpfanne vorheizen und die Aubergine unter häufigem Wenden rösten, bis die Haut schwarze Blasen wirft.

2 Die Aubergine etwas auskühlen lassen und der Länge nach halbieren. Das Fruchtfleisch mit einem Löffel auslösen und in einer Schüssel mit einer Gabel grob zerdrücken.

3 Nach und nach Öl, Zitronensaft, Tahini und Knoblauch unterrühren, bis die gewünschte Konsistenz und Würze erreicht sind.

4 Das Auberginenmus in eine Servierschale füllen. Wenn es nicht sofort serviert wird, mit Frischhaltefolie abgedeckt im Kühlschrank aufbewahren. 30 Minuten vor dem Servieren herausnehmen. Das Auberginenmus sollte wieder zimmerwarm sein.

5 Kurz vor dem Servieren die Sesamsaat in einer sehr heißen beschichteten Pfanne ohne Fett einige Sekunden anrösten und über das Auberginenmus streuen.

Bohnen-Dip mit Minze

Für 6 Personen

175 g getrocknete weiße Bohnen
1 kleine Knoblauchzehe, zerdrückt
1 Bund Frühlingszwiebeln, in Ringe geschnitten
1 Hand voll frische Minze
2 EL Tahini (Sesampaste)
2 EL Olivenöl
1 TL gemahlener Kreuzkümmel
1 TL gemahlener Koriander
2–3 EL Zitronensaft
Salz und Pfeffer
frische Minzezweige, zum Garnieren
frische Rohkost, zum Servieren, z. B. Blumenkohlröschen, Karotten, Gurken, Radieschen und Paprika

1 Die Bohnen in eine Schüssel geben und mit kaltem Wasser bedecken. Mindestens 4 Stunden oder über Nacht einweichen.

2 Bohnen abtropfen lassen, mit kaltem Wasser abspülen. In einen Topf geben, mit Wasser bedecken, aufkochen und 10 Minuten sprudelnd kochen lassen. Die Hitze reduzieren und abgedeckt 60–90 Minuten köcheln lassen.

3 Bohnen abgießen, in die Küchenmaschine oder eine Schüssel geben. Knoblauch, Frühlingszwiebeln, Minze, Tahini und Öl zugeben und 15 Sekunden pürieren bzw. mit dem Kartoffelstampfer zerstampfen.

4 Die Gewürze und so viel Zitronensaft in die Masse einrühren, dass sie eine cremige Konsistenz annimmt. Mit Salz und Pfeffer abschmecken. Mit Frischhaltefolie abgedeckt 30 Minuten abkühlen lassen, aber nicht in den Kühlschrank stellen, damit sich die Aromen voll entfalten können.

5 Dip in Portionsschälchen geben und mit Minzezweigen garnieren. Die Schälchen auf große Servierteller stellen, Rohkost auf die Teller verteilen und bei Zimmertemperatur servieren.

3

3

4

Scharfe mexikanische Salsas

Für 4–6 Personen

TROPENFRUCHT-SALSA

½ reife Ananas, geschält, ohne die holzige Mitte und fein gewürfelt

1 Mango oder Papaya, geschält, entsteint und fein gewürfelt

½–1 frische grüne Chili, gehackt

½–1 frische rote Chili, gehackt

½ rote Zwiebel, gehackt

1 EL Zucker

Saft von 1 Limette

3 EL frisch gehackte Minze

Salz

1 Für die Tropenfrucht-Salsa alle Zutaten in einer großen Schüssel mischen, mit Salz abschmecken, abdecken und bis zum Verzehr im Kühlschrank aufbewahren.

2 Für die Chili-Salsa Chillies und Paprika in einer heißen Pfanne anrösten. Abkühlen lassen, häuten, entkernen und fein würfeln. Dann mit Knoblauch, Limettensaft, Salz, Öl, Oregano und Kreuzkümmel mischen.

3 Für die Salsa Verde alle Zutaten in einer Schüssel mischen. Soll die Salsa weniger grob sein, die Zutaten in eine Küchenmaschine geben und kurz pürieren. In eine Schale füllen und servieren.

1

3

Für 4–6 Personen

FEURIGE CHILI-SALSA

2–3 frische grüne Chillies

1 grüne Paprika

2 Knoblauchzehen, fein gehackt

Saft von ½ Limette

1 TL Salz

2–3 EL Oliven- oder Pflanzenöl

1 Prise getrockneter Oregano

1 Prise gemahlener Kreuzkümmel

SALSA VERDE

450 g eingelegte Tomatillos, abgetropft und gewürfelt, oder Cocktailtomaten, gewürfelt

1–2 frische grüne Chilischoten, fein gehackt

1 grüne Paprika, geputzt und fein gewürfelt

1 kleine Zwiebel, gehackt

1 Bund frischer Koriander, gehackt

½ TL gemahlener Kreuzkümmel

Salz

Chipotle-Salsa

Ergibt 450 ml

450 g reife Tomaten, gewürfelt
3–5 Knoblauchzehen,
grob gehackt
½ Bund frischer Koriander, gehackt
1 kleine Zwiebel, gehackt
1–2 TL Adobo-Marinade
(Saft von eingelegten Chipotle-Chillies, im Asia-Shop erhältlich)
½–1 TL Zucker
Limettensaft, zum Abschmecken
Salz
1 Prise Zimt (nach Belieben)
1 Prise Piment (nach Belieben)
1 Prise gemahlener Kreuzkümmel
(nach Belieben)

TIPP

Einfacher wird es, wenn die frischen Tomaten durch 400 g klein geschnittene Tomaten aus der Dose ersetzt werden.

1 Tomaten, Knoblauch und Koriander in eine Küchenmaschine geben.

2 Das Gemüse fein pürieren, dann die Zwiebel, die Adobo-Marinade und den Zucker unterrühren.

3 Die so entstandene Paste mit Limettensaft, Salz, Zimt, Piment und Kreuzkümmel würzen.

4 Sofort servieren oder abdecken und bis zum Verzehr kalt stellen. Salsa schmeckt allerdings am besten, wenn man sie frisch nach der Zubereitung serviert.

1

2

3

Warme Salsa-Nachos

Für 4 Personen

1–2 frische Jalapeño-Chillies
2 Pckg. Nachos oder Tortilla-Chips
125 g geriebener Käse
2 EL frisch gehackter Koriander, zum Garnieren

ZUM SERVIEREN
Tomaten-Salsa
Guacamole (s. S. 18)
saure Sahne

TIPP

Frische Jalapeño-Chilischoten sind im Feinkosthandel oder im Asia-Shop erhältlich. Auch eingelegte Chillies im Glas können für dieses Rezept verwendet werden.

1 Den Backofen auf 190 °C vorheizen. Die Chillies in feine Ringe schneiden.

2 Die Nachos oder Tortilla-Chips in eine flache Auflaufform geben. Die Chiliringe darauf verteilen und mit dem Käse bestreuen. Im Backofen 5–10 Minuten überbacken, bis der Käse geschmolzen ist.

3 Die Nachos oder Tortilla-Chips mit gehacktem Koriander garnieren und sofort mit Tomaten-Salsa, Guacamole und saurer Sahne servieren.

Rohkost mit Bagna Cauda

Für 8 Personen

1 gelbe Paprika, geputzt
3 Selleriestangen
2 Karotten
125 g Champignons
½ Blumenkohl
1 Fenchelknolle
1 Bund Frühlingszwiebeln
2 Rote Bete, gekocht und geschält
8 Radieschen
225 g neue Kartoffeln, gekocht
225 ml Olivenöl
5 Knoblauchzehen, zerdrückt
50 g Sardellenfilets in Öl, abgetropft und gehackt
115 g Butter
Ciabattabrot, zum Servieren

1 Die Paprika in dicke Streifen, den Sellerie in 7,5 cm lange Stücke und die Karotten in Stifte schneiden. Die Champignons kreuzförmig einschneiden. Den Blumenkohl in Röschen teilen. Den Fenchel längs halbieren, dann in 4 Streifen schneiden. Die Frühlingszwiebeln putzen. Die Rote Bete achteln, die Radieschen putzen und große Kartoffeln halbieren. Das vorbereitete Gemüse auf einer großen Servierplatte ansprechend anrichten.

1

TIPP

Ein Fondue-Set ist ideal für diesen Rezeptvorschlag geeignet, um die Sauce bei Tisch warm zu stellen.

2 Das Öl langsam in einer Pfanne erhitzen. Knoblauch und Sardellen unter Rühren sanft darin anbraten, bis die Sardellen zerfallen. Den Knoblauch nicht bräunen oder anbrennen lassen.

2

3 Die Butter zugeben und zerlassen, dann sofort mit dem Gemüse und reichlich Ciabattabrot servieren.

3

Rohkost mit Garnelencreme

Für 4 Personen

750 g rohes Gemüse und Obst, z. B. Brokkoli, Blumenkohl, Äpfel, Ananas, Gurke, Sellerie, Paprika oder Pilze, in mundgerechte Stücke geschnitten

CREME

60 g getrocknete Garnelen

1 TL Garnelenpaste

3 Knoblauchzehen, zerdrückt

4 rote Chillies, gehackt

2 EL frisch gehackter Koriander

Saft von 2 Limetten

Fischsauce, zum Abschmecken

brauner Zucker, zum Abschmecken

1 Die Garnelen 10 Minuten in warmem Wasser einweichen.

2 Für die Creme Garnelenpaste, abgetropfte Garnelen, Knoblauch, Chillies und Koriander in einer Küchenmaschine fein zerkleinern, aber nicht zu glatt pürieren.

3 Die Mischung in einer Schüssel mit dem Limettensaft verrühren.

TIPP

Zu diesem traditionellen amerikanischen Gericht werden gern hart gekochte Wachteleier serviert.

4 Mit Fischsauce und braunem Zucker abschmecken. Alles gut miteinander vermischen.

5 Die Creme sorgfältig abdecken und mindestens 12 Stunden im Kühlschrank ziehen lassen.

6 Die Creme zum Dippen in die Mitte einer Servierplatte stellen. Obst und Gemüse rundherum anrichten.

Gemüseplatte mit Auberginen-Dip

Für 4 Personen

1 Aubergine, in 2,5-cm-Würfel geschnitten
3 EL Sesamsaat, in einer beschichteten Pfanne ohne Fett bei schwacher Hitze angeröstet
1 TL Sesamöl
abgeriebene Schale und Saft von ½ Limette
1 kleine Schalotte, gehackt
1 TL Zucker
1 frische rote Chili, in Ringe geschnitten
Salz und Pfeffer
125 g Brokkoliröschen
2 Karotten, in Stifte geschnitten
8 Maiskölbchen, längs halbiert
2 Selleriestangen, in Stifte geschnitten
1 kleiner Rotkohl, geachtelt

VARIATION

Sie können die Gemüseplatte natürlich ganz nach Geschmack oder Verfügbarkeit abwandeln. Gute Alternativen sind z. B. Blumenkohlröschen und Gurkenstifte.

1 Wasser in einem Topf aufkochen. Die Aubergine darin bei mittlerer Hitze 7–8 Minuten köcheln lassen. Gut abtropfen und etwas abkühlen lassen.

2 Sesam mit dem Öl in einer Küchenmaschine oder im Mörser zu einer Paste vermischen.

3 Aubergine, Limettenschale und -saft, Schalotte, Zucker und Chili zum Sesam geben. Mit Salz und Pfeffer würzen, dann pürieren bzw. mit einem Kartoffelstampfer zerstampfen.

4 Erneut abschmecken und in eine Schüssel geben.

5 Auberginen-Dip mit dem vorbereiteten Gemüse (Brokkoli, Karottenstifte, Maiskölbchen, Sellerie und Rotkohl) servieren.

Makrelenpastete

Für 4 Personen

350 g geräucherte Makrele
175 g Butter, zerlassen
100 g Schlagsahne
3 EL Zitronensaft
Salz und Pfeffer
1 Prise Cayennepfeffer

1 Den Fisch häuten und entgräten. In die Küchenmaschine geben und mit der Hälfte der Butter zu einer glatten Paste verarbeiten.

2 Die Masse in eine Schüssel füllen und nach und nach die restliche Butter, Sahne und Zitronensaft unterrühren. Dann mit Salz und Pfeffer abschmecken.

3 In eine Servierschale füllen und mit Cayennepfeffer bestreuen.

4 Vor dem Servieren mit Frischhaltefolie abgedeckt mindestens 1 Stunde in den Kühlschrank stellen.

Pastete vom Räucherhering

Für 8 Personen

900 g Räucherheringsfilets
2 Knoblauchzehen, fein gehackt
175 ml Olivenöl
6 EL Schlagsahne
Salz und Pfeffer
Zitronenscheiben, zum Garnieren
Cracker, zum Servieren

1 Die Räucherheringsfilets portionsweise in eine große Pfanne geben und knapp mit Wasser bedecken. Aufkochen, sofort die Hitze reduzieren und die Filets etwa 10 Minuten pochieren, bis sie zart sind.

2 Die Filets mit einem Pfannenwender auf ein Schneidebrett geben und häuten. Das Fleisch grob mit einer Gabel zerkleinern und letzte Gräten entfernen. Mit dem Knoblauch in einen Topf geben. Bei geringer Hitze andünsten und die Fischstücke mit einem Holzlöffel zerdrücken.

3 Das Öl nach und nach sorgfältig unterrühren. Die Sahne zugeben und die Mischung glatt rühren. Die Masse darf dabei nicht kochen.

4 Den Topf vom Herd nehmen. Die Pastete eventuell mit Salz und Pfeffer abschmecken, in kleine Auflaufförmchen füllen und mit Frischhaltefolie abgedeckt auskühlen und fest werden lassen. Bis zum Servieren im Kühlschrank aufbewahren (hält sich bis zu 3 Tage).

5 Mit Zitronenscheiben garnieren und mit Crackern servieren.

Hühnchenleberpastete mit Knusper-Toast

Für 8 Personen

2 EL Olivenöl

2 Zwiebeln, gehackt

2 Knoblauchzehen, fein gehackt

675 g Hühnchenleber

3 EL Weinbrand

2 EL frisch gehackte Petersilie

1 EL frisch gehackter Salbei

Salz und Pfeffer

275 g Doppelrahmfrischkäse

frische Petersilie, zum Garnieren

KNUSPER-TOAST

8 Scheiben Weißbrot

1 Das Öl in einer Pfanne erhitzen. Zwiebeln und Knoblauch bei geringer Hitze unter gelegentlichem Rühren 5 Minuten andünsten.

2 Die Leber zugeben und unter gelegentlichem Rühren 5 Minuten anbraten und leicht bräunen. Die Pfanne vom Herd nehmen, Weinbrand, Petersilie und Salbei dazugeben, salzen und pfeffern. Leicht abkühlen lassen.

3 Die Leber in der Küchenmaschine glatt pürieren, dabei das Püree eventuell mehrmals von der Gefäßwand nach unten schaben. In eine Schüssel füllen und mit Frischhaltefolie abgedeckt ganz auskühlen lassen.

4 Unterdessen für den Knusper-Toast den Backofengrill vorheizen und die Brotscheiben von beiden Seiten anrösten. Die Rinden abschneiden und jede Scheibe quer in 2 dünne Scheiben schneiden. Mit der nicht getoasteten Seite nach oben so lange unter dem Grill rösten, bis sich die Ränder leicht nach oben biegen. Auskühlen lassen. Bis zum Verzehr luftdicht verschlossen aufbewahren.

5 Wenn die pürierte Leber kalt ist, sorgfältig mit dem Frischkäse verrühren. Mit Frischhaltefolie abgedeckt im Kühlschrank aufbewahren. Vor dem Servieren rechtzeitig herausnehmen, sie sollte bei Zimmertemperatur serviert werden. Mit Petersilie garnieren und dazu Knusper-Toast reichen.

Geflügelpastete

Für 4 Personen

225 g Hähnchenbrustfilet, gegart
100 g magerer Kochschinken, in Scheiben geschnitten
1 Bund Petersilie
1 TL geriebene Limettenschale
2 EL Limettensaft
1 Knoblauchzehe, geschält
125 g Magerquark oder fettarmer Naturjoghurt
Salz und Pfeffer
1 EL Limettenzesten, zum Garnieren
ZUM SERVIEREN
Limettenspalten
Knäckebrot

VARIATION

Für diese Pastete eignet sich auch anderes gegartes, mageres Fleisch, etwa Pute, Rind oder Schwein. Statt Geflügelfleisch und Schinken können Sie auch geschälte Krabben, Krebsfleisch oder gut abgetropften Thunfisch aus der Dose verwenden.

1 Hähnchenfilet und Kochschinken grob würfeln.

2 Mit Petersilie, Limettenschale, -saft und Knoblauch in die Küchenmaschine geben und zerkleinern oder die Zutaten von Hand fein hacken und in einer Schüssel mit dem Limettensaft und der Limettenschale gut vermischen.

2

2

3 Die Mischung mit dem Quark oder Joghurt verrühren und mit Salz und Pfeffer abschmecken. Abdecken und etwa 30 Minuten kalt stellen.

3

4 Die Pastete in Portionsschälchen füllen und mit Limettenzesten garnieren. Limettenspalten und Knäckebrot dazu reichen.

Kartoffel-Bohnen-Pastete

Für 4 Personen

100 g mehlig kochende Kartoffeln
225 g gemischte Bohnen, z. B. Kidney- oder weiße Bohnen aus der Dose, abgetropft
1 Knoblauchzehe, zerdrückt
2 TL Limettensaft
3 TL frisch gehackter Koriander
Salz und Pfeffer
2 EL Naturjoghurt
Knäckebrot oder Toast, zum Servieren
frischer Koriander, zum Garnieren

TIPP

Diese Pastete lässt sich auch gut zu Rohkost (s. S. 36) reichen. Wenn Sie eine gröbere Pastete vorziehen, zerdrücken Sie die Mischung einfach nur mit einer Gabel. Die Kartoffel-Bohnen-Pastete hält sich bis zu 2 Tage im Kühlschrank.

1 Die Kartoffeln in einem Topf mit kochendem Wasser 10 Minuten garen. Abgießen und zerstampfen.

2 Die Kartoffelmasse in eine Küchenmaschine geben. Bohnen, Knoblauch, Limettensaft und Koriander zufügen. Alles mit Salz und Pfeffer glatt pürieren oder Kartoffeln, Bohnen, Knoblauch, Limettensaft und Koriander gründlich mischen und mit dem Kartoffelstampfer zerdrücken.

3 Das Püree in eine Schüssel geben und den Joghurt unterrühren. Mit Salz und Pfeffer abschmecken.

4 Die Pastete in eine Schüssel geben und mit Koriander garnieren. Sofort oder gekühlt mit Brot servieren.

Käsecreme mit Kräutern

Für 4 Personen

15 g Butter
1 Knoblauchzehe, zerdrückt
3 Frühlingszwiebeln, fein gehackt
125 g Doppelrahmfrischkäse
2 EL frisch gehackte gemischte Kräuter, z. B. Petersilie, Schnittlauch, Majoran, Oregano und Basilikum
175 g reifer Gouda, fein gerieben
Pfeffer
4–6 dicke Scheiben Weißbrot
Paprikapulver
Kräuterzweige
ZUM SERVIEREN
gemischte Blattsalate
Kirschtomaten

1 Butter in einer kleinen Pfanne zerlassen. Knoblauch und Frühlingszwiebeln darin 3–4 Minuten weich dünsten und etwas abkühlen lassen.

2 Den Frischkäse in einer großen Schüssel glatt rühren. Knoblauch und Frühlingszwiebeln zugeben. Anschließend die Kräuter einrühren und alles gut vermengen.

3 Den Gouda zufügen, mit Pfeffer würzen und die Mischung zu einer festen Paste verarbeiten. Abdecken und bis zum Servieren kalt stellen.

4 Die Brotscheiben von beiden Seiten toasten und dann die Krusten abschneiden. Jede Brotscheibe waagerecht in zwei dünne Hälften und diese in Dreiecke schneiden. Dann die nicht getoasteten Seiten unter einem Grill goldbraun rösten.

5 Den Salat mit den Kirschtomaten anrichten. Die Käsepaste darauf geben und mit ein wenig Paprikapulver bestreuen. Mit den Kräuterzweigen garnieren und mit dem Toast servieren.

2

3

4

Linsenterrine

Für 4 Personen

1 EL Pflanzenöl, plus etwas mehr zum Einfetten
1 Zwiebel, gehackt
2 Knoblauchzehen, zerdrückt
1 TL Garam Masala
½ TL gemahlener Koriander
850 ml Gemüsebrühe
175 g rote Linsen
1 kleines Ei
2 EL Milch
2 EL Mango-Chutney
2 EL gehackte Petersilie
Petersilienzweige, zum Garnieren
Salatblätter und gerösteter Toast, zum Servieren

VARIATION

Sie können die Terrine mit Chilipulver oder chinesischem Fünf-Gewürz-Pulver sowie mit Tomaten- oder Zwiebel-Relish statt des Mango-Chutneys abwandeln.

1 Das Öl in einem Topf erhitzen, Zwiebel und Knoblauch darin 2–3 Minuten andünsten. Dann Garam Masala und Koriander zugeben und 30 Sekunden garen.

2 Gemüsebrühe und Linsen zugeben und aufkochen. Die Hitze reduzieren und die Mischung 20 Minuten köcheln lassen. Den Topf vom Herd nehmen und die überschüssige Flüssigkeit abgießen.

3 Die Mischung in eine Küchenmaschine geben. Ei, Milch, Mango-Chutney und Petersilie zugeben und alles glatt pürieren.

4 Den Boden einer kleinen Kastenform einfetten, mit Backpapier auslegen, die Mischung hineingeben und glatt streichen. Abdecken und im auf 200 °C vorgeheizten Ofen ca. 40–45 Minuten backen, bis alles fest ist.

5 20 Minuten abkühlen lassen, dann kurz in den Kühlschrank stellen.

6 Die kalte Terrine auf eine Servierplatte stürzen, in Scheiben schneiden und mit Petersilienzweigen garnieren. Mit Salat und Toast servieren.

Pilz-Maronen-Pastete

Für 8 Personen

225 g getrocknete Maronen, über Nacht eingeweicht
einige getrocknete Steinpilze
4 EL heißes Wasser
4 EL Marsala oder halbtrockener Sherry
1 EL Olivenöl
675 g braune Champignons, in Scheiben geschnitten
1 EL Balsamico-Essig
1 EL frisch gehackte Petersilie
1 EL Sojasauce
Salz und Pfeffer
Radieschenscheiben, zum Garnieren
Baguette, zum Servieren

1 Die Maronen abtropfen lassen, in einen Topf geben, mit Wasser bedecken und aufkochen. Die Hitze reduzieren und die Maronen bei geschlossenem Deckel 45 Minuten weich köcheln lassen. Abtropfen und auskühlen lassen.

2 Unterdessen die Steinpilze in eine Schale geben, mit heißem Wasser und 1 Esslöffel Marsala übergießen und 20 Minuten einweichen lassen. Die Einweichflüssigkeit durch ein Haarsieb oder einen Papier-Kaffeefilter filtern und auffangen. Die Pilze abtropfen lassen und mit Küchenpapier trockentupfen.

3 Das Öl in einer Pfanne erhitzen und die Champignons bei geringer Hitze unter ständigem Rühren 5 Minuten weich dünsten.

4 Steinpilze, Einweichflüssigkeit und Essig zugeben. Unter ständigem Rühren 1 Minute dünsten. Die Hitze erhöhen, den restlichen Marsala dazugießen und die Mischung unter ständigem Rühren 3 Minuten garen. Die Pfanne vom Herd nehmen.

5 Die Maronen in der Küchenmaschine pürieren. Pilze und Petersilie dazugeben und zu einer glatten Paste verarbeiten. Mit Sojasauce, Salz und Pfeffer abschmecken und zum Mischen kurz pürieren.

6 Die Pastete in eine Servierschale füllen, abdecken und im Kühlschrank abkühlen lassen. Mit Radieschenscheiben garnieren und mit Baguette servieren.

Käsepastete mit Walnüssen

Für 4 Personen

1 Selleriestange
1–2 Frühlingszwiebeln
25 g geschälte Walnusskerne
1 EL frisch gehackte Petersilie
1 TL frisch gehackter Dill oder
½ TL getrockneter Dill
1 Knoblauchzehe, zerdrückt
1 Spritzer Worcestersauce
125 g Hüttenkäse
60 g Blauschimmelkäse
1 Ei, hart gekocht
25 g Butter
Salz und Pfeffer
frische Kräuter, zum Garnieren
Cracker, Toast oder Baguette, zum Servieren
Rohkost, zum Servieren

TIPP

Sie können die Pastete auch als Gemüsefüllung verwenden. Den Deckel einer großen Tomate abschneiden, die Kerne mit einem Löffel entfernen, die Pastete in die Aushöhlung füllen und gut festdrücken.

1 Selleriestange, Frühlingszwiebeln und Walnüsse fein hacken und in eine Schüssel geben.

2 Mit Kräutern, Knoblauch und Worcestersauce abschmecken und gut verrühren, dann den Hüttenkäse unter die Mischung rühren.

3 Den Blauschimmelkäse und das hart gekochte Ei fein in die Pastetenmischung reiben und mit Salz und Pfeffer abschmecken.

4 Die Butter zerlassen und unter die Pastete rühren. Mit einem Löffel in Servierschalen füllen, aber nicht zu fest hineindrücken. Bis zum Servieren kalt stellen.

5 Mit frischen Kräutern garnieren. Dazu Cracker, Toast oder Brot und Rohkost reichen.

1

2

4

Schwarze Olivenpaste

Für 4 Personen

250 g schwarze Oliven, entsteint
1 Knoblauchzehe, zerdrückt
abgeriebene Schale von 1 Zitrone
4 EL Zitronensaft
3 EL Semmelbrösel
60 g Doppelrahmfrischkäse
Salz und Pfeffer
Weißbrotscheiben, zum Servieren
Butter
Olivenöl
Zitronenspalten, zum Garnieren

1 Die Oliven grob hacken und mit Knoblauch, Zitronenschale und -saft, Semmelbröseln und Frischkäse mischen, dann im Mixer sorgfältig pürieren und mit Salz und Pfeffer abschmecken.

2 Die Paste in ein Glas mit Schraubverschluss füllen und vor dem Servieren für mehrere Stunden in den Kühlschrank stellen, damit sich das Aroma entfalten kann.

3 Für Cocktailhäppchen mit einer Ausstechform kleine runde Scheiben aus dem Weißbrot ausstechen.

4 Etwas Butter und Öl in einer Pfanne erhitzen und die Brotscheiben darin goldbraun rösten. Dann das Brot auf Küchenpapier sorgfältig abtropfen lassen.

5 Jede Brotscheibe mit etwas Paste bestreichen, mit Zitronenspalten garnieren und sofort servieren. Die Paste hält sich gekühlt bis zu 2 Wochen.

Thunfisch-Sardellen-Paste

Für 6 Personen

CREME

50 g Sardellenfilets in Öl, abgetropft

ca. 400 g Thunfisch im eigenen Saft, abgetropft

175 g fettarmer Hüttenkäse

125 g fettarmer Frischkäse

1 EL Sahne-Meerrettich

½ EL geriebene Orangenschale

weißer Pfeffer

KNUSPER-TOAST

4 dicke Scheiben Vollkornbrot

GARNIERUNG

Orangenscheiben

frischer Dill

1 Die Sardellenfilets nebeneinander auf Küchenpapier legen und das Öl abtupfen.

2 Sardellenfilets und restliche Zutaten in einen Mixer geben oder mit einem Pürierstab zerkleinern. Alternativ die Sardellenfilets sehr fein hacken, den Thunfisch mit einer Gabel zerkleinern und mit den anderen Zutaten vermischen; die Konsistenz wird dadurch etwas gröber.

3 Die Paste in eine Schüssel umfüllen und abgedeckt 1 Stunde in den Kühlschrank stellen.

4 Für den Knusper-Toast die Brotscheiben goldbraun toasten oder unter einem Grill von jeder Seite 2–3 Minuten bräunen.

5 Die Rinde entfernen und die Scheiben quer durchschneiden.

6 Den Backofen auf 150 °C vorheizen. Mit einer Ausstechform von 5 cm Ø aus den Toasts Kreise ausstechen oder die Brotscheiben diagonal durchschneiden. Auf ein Backblech legen und im Backofen 15–20 Minuten trocknen lassen.

7 Die Paste auf 6 Tellern anrichten und mit den Orangenscheiben und dem Dill garnieren. Mit Knusper-Toast servieren.

Mus von gegrillten Auberginen

Für 4 Personen

2 kleine Auberginen
2 EL Olivenöl
Saft von 1 Zitrone
4 EL Tahini (Sesampaste)
2 Knoblauchzehen, zerdrückt (nach Belieben)
Gurkenscheiben, zum Garnieren

ZUM SERVIEREN
Karotten- und Selleriestifte
aufgebackenes Pita-Brot

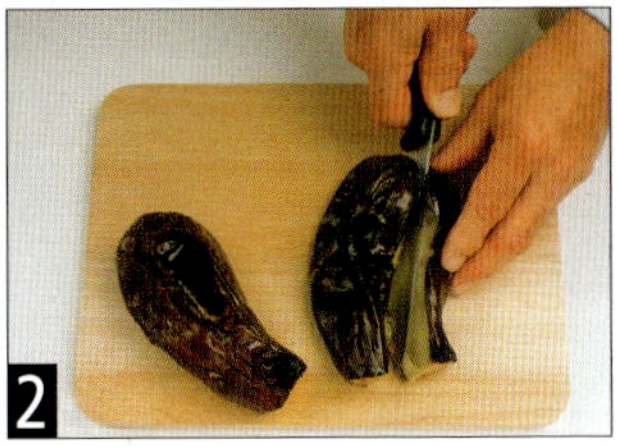
2

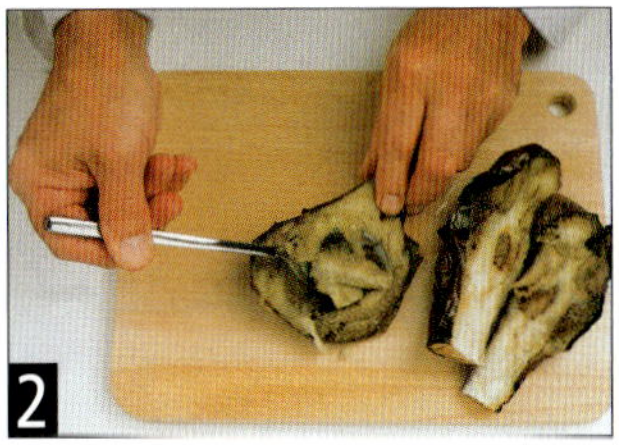
2

3

1 Eine Grillpfanne stark erhitzen. Die Auberginen unter häufigem Wenden etwa 10 Minuten rösten, bis die Haut Blasen wirft und schwarz wird. Das Fruchtfleisch sollte sehr weich sein.

2 Auberginen aus der Pfanne nehmen, leicht abkühlen lassen und halbieren. Das Fruchtfleisch mit einem Löffel auslösen und in einer Schüssel mit einer Gabel grob zerdrücken.

3 Nach und nach Olivenöl, Zitronensaft, Tahini und ggf. Knoblauch sorgfältig unterrühren, bis die gewünschte Konsistenz und Würze erreicht sind.

4 Das Mus in eine Servierschale füllen und mit Gurkenscheiben garnieren. Mit Rohkost und Pita-Brot servieren.

Ricotta-Bohnen-Pastete

Für 8 Personen

800 g Cannellini-Bohnen aus der Dose, abgespült und abgetropft
350 g Ricotta
2 Knoblauchzehen, grob gehackt
4 EL Zitronensaft
125 g Butter, zerlassen
3 EL frisch gehackte glatte Petersilie
Salz und Pfeffer
Maiskeimöl, zum Einfetten
Brotstangen, zum Servieren
GARNIERUNG
glatte Petersilie
Zitronenspalten

1 Bohnen, Ricotta, Knoblauch, Zitronensaft und Butter in der Küchenmaschine glatt pürieren. Petersilie, Salz und Pfeffer dazugeben und zum Mischen kurz pürieren.

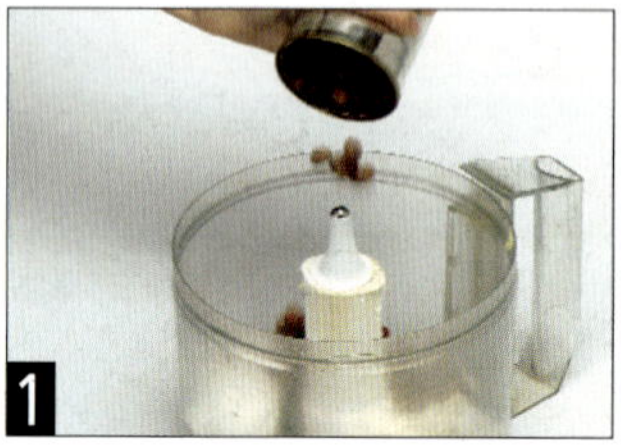

VARIATION

Für eine leichtere Variante kann der Ricotta durch abgetropften Hüttenkäse ersetzt werden.

2 Eine sehr kleine Springform leicht einfetten, die Masse hineingeben und glatt streichen. Dann mit Frischhaltefolie abgedeckt im Kühlschrank fest werden lassen.

3 Die Pastete auf einen Servierteller stürzen und mit Petersilie und Zitronenspalten garnieren. Mit Brotstangen servieren.

Herzhaftes Gebäck

Bestimmte Beläge und Füllungen verlangen ihre jeweils besondere Teigart: feiner Mürbeteig für schwere Füllungen wie beim Spargel-Ziegenkäse-Kuchen (s. S. 68) oder dem Brokkoli-Cashew-Kuchen (s. S. 65), luftig lockerer Blätterteig für zartes Gemüse wie bei der Spinat-Kartoffel-Pastete (s. S. 78) und der Tarte provençale (s. S. 82) oder goldgelber Filo-Teig, der feinwürzige Füllungen umhüllt, zum Beispiel bei den Ingwer-Krebsfleisch-Taschen (s. S. 97) oder den Gemüse-Samosas (s. S. 92). Luftig-leichte Brandteigkörbchen werden mit einem Krabbencocktail (s. S. 96) gefüllt. Keineswegs fehlen dürfen in diesem Kapitel köstliche kleine Gebäckspezialitäten wie Käsetaler (s. S. 101) oder frittierte Kreuzkümmelplätzchen (s. S. 102). All diese Häppchen sind ideales Fingerfood für jeden Anlass und für jede Tageszeit – ob nun frisch aus dem Ofen oder gut gekühlt!

Zwiebelkuchen

Für 4 Personen

250 g Mürbeteig, Tiefkühlware aufgetaut
Mehl, für die Arbeitsfläche
40 g Butter
75 g Schinkenspeck, gewürfelt
700 g Zwiebeln, in dünne Ringe geschnitten
2 Eier, verquirlt
50 g Parmesan, gerieben
1 TL getrockneter Salbei
Salz und Pfeffer

VARIATION

Als vegetarische Variante kann man Speck durch die gleiche Menge gehackter Pilze nach Wahl ersetzen.

1 Den Teig auf einer leicht bemehlten Arbeitsfläche ausrollen und eine Springform (24 cm Ø) damit auslegen. Dann den Teig mehrmals mit einer Gabel einstechen und 30 Minuten kalt stellen.

2 Unterdessen den Backofen auf 180 °C vorheizen. Die Butter in einem Topf zerlassen. Speck und Zwiebeln darin bei geringer Hitze etwa 25 Minuten weich dünsten, aber nicht bräunen. Werden die Zwiebelringe dennoch braun, 1 Esslöffel Wasser zufügen.

3 Die Eier mit der Zwiebelmischung verrühren. Käse und Salbei zugeben, alles mit Salz und Pfeffer würzen und gut vermengen. Die fertige Mischung auf dem vorbereiteten Teig verteilen.

4 Dann den Kuchen 20–30 Minuten im vorgeheizten Backofen backen, bis die Füllung stockt. Anschließend einige Minuten in der Form abkühlen lassen und warm oder kalt servieren.

Knoblauch-Nuss-Törtchen

Für 4 Personen

4 Scheiben Weizenvollkornbrot
50 g Pinienkerne
150 g Butter
5 Knoblauchzehen, geschält und halbiert
2 EL frisch gehackter Oregano
4 schwarze Oliven, halbiert
Oreganozweige, zum Garnieren

1 Das Brot mit einem Nudelholz leicht flach walzen. Mit einer Ausstechform 4 Kreise von mindestens 10 cm Ø aus den Scheiben stechen und in Tortelettformen einpassen. Die Brotreste aufbewahren und mindestens 10 Minuten in den Kühlschrank legen.

2 Unterdessen die Pinienkerne auf ein Backblech legen und unter einem vorgeheizten Grill 2–3 Minuten goldbraun rösten. Vorsicht, die Pinienkerne brennen schnell an!

3 Brotreste, Pinienkerne, Butter, Knoblauch und Oregano im Mixer zu einer groben Paste verarbeiten. Als Alternative kann auch ein Mörser verwendet werden.

4 Die fertige Mischung auf die in die Tortelettformen eingepassten Teigkreise geben und mit Oliven garnieren. Dann 10–15 Minuten in einem auf 200 °C vorgeheizten Backofen goldbraun backen.

1

3

4

5 Die fertigen Törtchen auf Teller verteilen und noch warm mit frischem Oregano garniert servieren.

Blätterteig-Quiches mit Pesto und Ziegenkäse

Ergibt 20 Stück

200 g Blätterteig, Tiefkühlware aufgetaut
Mehl, zum Bestäuben
3 EL Pesto
20 Kirschtomaten, in je 3 Scheiben geschnitten
125 g Ziegenfrischkäse
Salz und Pfeffer
Basilikumblätter, zum Garnieren

TIPP

Die Quiches sind noch schneller fertig, wenn man küchenfertige Blätterteigpasteten zum Füllen verwendet (ebenfalls in der Tiefkühlabteilung erhältlich).

1 Den Backofen auf 200 °C vorheizen und ein Backblech leicht mit Mehl bestäuben. Den Teig auf einer bemehlten Arbeitsfläche 3 mm dick ausrollen. Mit einer runden Ausstechform (5 cm Ø) 20 Kreise daraus ausstechen und diese auf dem bemehlten Backblech verteilen.

2 Jeden Teigkreis mit etwas Pesto bestreichen; dabei einen kleinen Rand stehen lassen. Den Pesto mit jeweils 3 Tomatenscheiben belegen.

3 Den Ziegenkäse über die Tomaten bröckeln und alles salzen und pfeffern. Die Quiches etwa 10 Minuten in den vorgeheizten Ofen stellen. Sofort mit Basilikumblättern garniert servieren.

Käse-Zwiebel-Küchlein

Für 12 Personen

MÜRBETEIG

100 g Mehl, plus etwas mehr zum Bestäuben für die Arbeitsfläche

¼ TL Salz

6 EL Butter, fein gewürfelt

1–2 EL Wasser

FÜLLUNG

1 Ei, verquirlt

100 g Schlagsahne

50 g mittelalter Gouda, gerieben

3 Frühlingszwiebeln, fein gehackt

Salz

Cayennepfeffer

TIPP

Wer es besonders eilig hat, kann die Küchlein auch mit 175 g küchenfertigem Mürbeteig aus dem Kühlregal zubereiten.

1 Für den Teig das Mehl und das Salz in eine große Schüssel sieben. Die Butter mit den Fingern in diese Mischung einkneten, bis ein krümeliger Teig entsteht. Das Wasser zugießen und alles zu einem glatten Teig verarbeiten.

2 Den Backofen auf 180 °C vorheizen. Den Teig auf einer leicht bemehlten Arbeitsfläche ausrollen, 12 Kreise von etwa 7,5 cm Ø ausstechen und ein Muffinblech (mit 12 Mulden) damit auslegen.

3 Für die Füllung Ei, Sahne, Käse und Frühlingszwiebeln in einem Mixbecher verquirlen und mit Salz und Cayennepfeffer würzen. Die fertige Mischung auf die Teigböden gießen und die Küchlein 20–25 Minuten in den heißen Backofen stellen, bis die Füllung stockt. Anschließend warm oder kalt servieren.

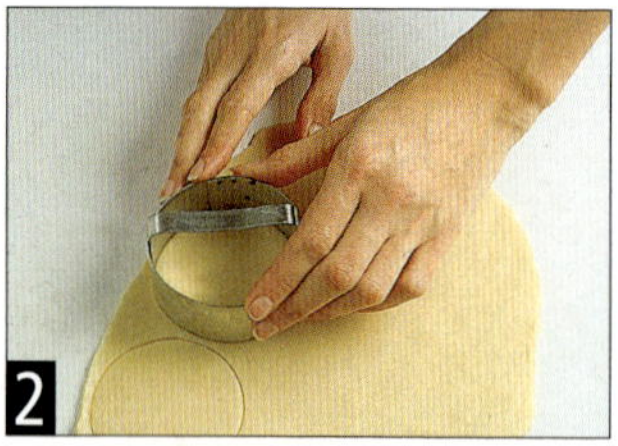
2

3

3

Kleine Feta-Oliven-Quiches

Ergibt 12 Stück

Butter, zum Einfetten
Mehl, für die Arbeitsfläche
1 Portion Mürbeteig (s. S. 62)
1 Ei
3 Eigelb
300 g Schlagsahne
Salz und Pfeffer
125 g Feta
6 schwarze Oliven, entsteint und halbiert
12 frische Rosmarinzweige

1 Backofen auf 200 °C vorheizen und 12 kleine Torteletttförmchen oder die 12 Vertiefungen eines Muffinblechs einfetten. Den Teig auf einer leicht bemehlten Arbeitsfläche 3 mm dick ausrollen, die Formen damit auslegen und mit einer Gabel mehrmals einstechen. Ein quadratisches Stück Alufolie in jede Form drücken und den Teig 12 Minuten im vorgeheizten Backofen backen. Die Folie entfernen und den Teig weitere 3 Minuten backen.

TIPP

Da Fetakäse schon recht salzig ist, sollten Sie die Eimischung bei Schritt 2 nur sparsam würzen.

2 Ei, Eigelb und Sahne in eine Schüssel geben, die Mischung salzen und pfeffern und verrühren.

3 Feta zerbröckeln und auf die Törtchen verteilen. Dann die Eimischung zugießen und eine Olivenhälfte sowie einen Rosmarinzweig auf jedes Törtchen geben. Die Quiches etwa 15 Minuten backen, bis die Füllung stockt. Warm oder kalt servieren.

Brokkoli-Cashew-Kuchen

Für 6–8 Personen

225 g Mürbeteig (küchenfertig), Tiefkühlware aufgetaut

50 g Weizenmehl Type 405, plus etwas mehr zum Bestäuben

450 g Brokkoli, in Röschen zerteilt

Salz und Pfeffer

75 g ungesalzene Cashewkerne, gehackt

50 g Butter

60 ml Milch

85 g geriebener Käse, z. B. Emmentaler, Parmesan oder Gruyère

1 Ei

1 Prise Cayennepfeffer

1 Backofen auf 200 °C vorheizen. Den Teig auf einer leicht bemehlten Arbeitsfläche ausrollen und eine Quicheform (24 cm Ø) damit auslegen. Den Teig blindbacken und auf einem Kuchengitter auskühlen lassen.

2 Den Brokkoli 5 Minuten dämpfen, zerteilen und auf dem gebackenen Teigboden verteilen. Salzen und pfeffern. Mit Cashewkernen bestreuen.

3 Butter bei mittlerer Hitze in einem Topf zerlassen und das Mehl anschwitzen. Milch unter Rühren langsam zugießen, bis die Sauce eindickt. Mit Salz und Pfeffer abschmecken. Den Käse unter Rühren darin schmelzen.

4 Das Ei trennen. Das Eigelb mit 2 Esslöffeln Sauce verquirlen und in die Sauce einrühren. Den Topf vom Herd nehmen. Das Eiweiß steif schlagen und unter die Sauce heben. Die Sauce über den Brokkoli gießen und mit Cayennepfeffer bestreuen. Den Kuchen auf ein Backblech setzen und 20 Minuten backen. Vor dem Anschneiden 5 Minuten ruhen lassen.

Austerntörtchen mit Ziegenkäse

Ergibt 12 Stück

100 g Weizenmehl Type 405, plus etwas mehr zum Bestäuben
1 Prise Salz
100 g Butter, gewürfelt, plus etwas mehr zum Einfetten
1 Eigelb
1 Zwiebel, gehackt
12 Austern, gesäubert
2 EL frisch gehackte Petersilie
Salz und Pfeffer
200 g Ziegenkäse, zerkrümelt
frische glatte Petersilie, zum Garnieren

1 Mehl und Salz in eine Schüssel sieben und 90 g Butter mit den Fingern einarbeiten. Das Eigelb zugeben und die Mischung zu einem Teig verkneten. Falls nötig, etwas Wasser dazugeben. Den Teig zu einer Kugel formen und auf einer leicht bemehlten Arbeitsfläche 5 mm dick ausrollen. Zwölf kleine Briocheförmchen einfetten (ca. 7 cm Ø), mit dem Teig auslegen und die Ränder gerade abschneiden. Den Teig 45 Minuten im Kühlschrank ruhen lassen.

2 Den Backofen auf 200 °C vorheizen und den Teig 10 Minuten goldbraun backen.

3 Unterdessen die restliche Butter in einem Topf bei mittlerer Hitze zerlassen. Die Zwiebel unter Rühren 4 Minuten andünsten. Die Austern auslösen und mit der Petersilie in den Topf geben. Würzen und 1 Minute garen. Die Törtchen aus dem Ofen nehmen.

4 Die Hälfte des Ziegenkäses auf den Teigböden verteilen. Die Austernmischung darauf geben und mit dem restlichen Ziegenkäse bestreuen. Im Ofen 10 Minuten überbacken. Mit Petersilie garniert servieren.

Spargel-Ziegenkäse-Kuchen

Für 6 Personen

250 g Mürbeteig, Tiefkühlware aufgetaut
etwas Mehl zum Bestäuben
250 g grüner Spargel
1 EL Pflanzenöl
1 rote Zwiebel, fein gehackt
25 g Haselnüsse, gehackt
200 g Ziegenkäse
2 Eier, verquirlt
4 EL Schlagsahne
Salz und Pfeffer

VARIATION

Statt der Nüsse können Sie auch Parmesan verwenden. Der Käse wird dann vor dem Backen über den Kuchen gestreut.

1 Teig auf einer leicht bemehlten Arbeitsfläche ausrollen und eine Springform (24 cm Ø) damit auslegen. Dann mehrmals mit einer Gabel einstechen und 30 Minuten kalt stellen.

2 Unterdessen den Backofen auf 190 °C vorheizen. Den kalten Teig mit Alufolie und Backbohnen abdecken und 15 Minuten blindbacken. Dann Folie und Bohnen entfernen und den Teig weitere 15 Minuten backen.

3 Den geputzten Spargel 2–3 Minuten in kochendem Wasser blanchieren, dann abtropfen lassen und in mundgerechte Stücke schneiden. Das Öl in einem kleinen Topf erhitzen. Die Zwiebel darin glasig dünsten und mit dem Spargel und den Haselnüssen auf dem Teig verteilen.

4 Käse, Eier und Sahne glatt rühren. Die fertige Mischung mit Salz und Pfeffer würzen und über die Spargelmischung gießen. Den so vorbereiteten Kuchen in den vorgeheizten Backofen stellen und etwa 15–20 Minuten backen, bis die Füllung stockt. Warm oder kalt servieren.

Masa-Torteletts mit Bohnen und Avocado

Für 4 Personen

8–10 EL Masa-Harina-Mehl

3 EL Weizenmehl

1 Msp. Backpulver

225 ml warmes Wasser

Pflanzenöl, zum Frittieren

225 g Pinto-Bohnen oder Bohnenmus, erwärmt

1 Avocado, gewürfelt und mit Limettensaft beträufelt

75 g Frischkäse oder zerkrümelter Feta

Salsa, nach Belieben

2 Frühlingszwiebeln, in dünne Ringe geschnitten

ZUM GARNIEREN

frische glatte Petersilie

Limettenspalten

1 Masa-Harina-Mehl, Weizenmehl und Backpulver in eine Schüssel geben und gut vermischen. Warmes Wasser zugießen, bis ein fester, feuchter Teig entsteht.

2 Walnussgroße Teigstücke mit den Fingern zu kleinen, dünnen Torteletts formen. Den Vorgang so lange wiederholen, bis der gesamte Teig aufgebraucht ist.

3 Öl in einer Pfanne erhitzen, bis es zu dampfen beginnt. Eine Hand voll Torteletts in die Pfanne geben und von allen Seiten goldbraun frittieren.

4 Die Torteletts mit einer Schaumkelle aus dem heißen Fett heben und auf Küchenpapier abtropfen lassen. Auf ein mit Backpapier ausgelegtes Backblech in den Ofen stellen. Restliche Torteletts ebenso frittieren.

5 Jedes Tortelett mit Bohnen, Avocadostücken, Käse, Salsa und Frühlingszwiebeln füllen. Mit Petersilie und Limettenspalten garniert servieren.

Nusskuchen mit Champignons

Für 6 Personen

TEIG

100 g Margarine, gewürfelt
225 g Vollkornmehl
4 EL Wasser
Magermilch, zum Bestreichen

FÜLLUNG

2 EL Margarine
1 Zwiebel, gehackt
1 Knoblauchzehe, fein gehackt
125 g Champignons, in Scheiben geschnitten
1 EL Mehl
150 ml Gemüsebrühe
175 g Paranüsse
1 EL Tomatenmark
75 g Vollkornsemmelbrösel
2 EL frisch gehackte Petersilie
½ TL Pfeffer

1 Die Margarine mit den Fingern in das Mehl einarbeiten, bis ein krümeliger Teig entsteht. Wasser zugeben und alles zu einem glatten Teig verkneten. Den Teig in Frischhaltefolie wickeln und 30 Minuten kalt stellen.

2 Für die Füllung die Margarine in einer Pfanne zerlassen. Zwiebeln, Knoblauch und Pilze darin 5 Minuten weich dünsten. Mehl zugeben und unter Rühren 1 Minute anschwitzen. Langsam die Brühe einrühren, bis eine glatte, sämige Sauce entsteht.

3 Den Backofen auf 200 °C vorheizen. Die Nüsse hacken, dann zusammen mit Tomatenmark, Semmelbröseln, Petersilie und Pfeffer zu der Pilzmischung in die Pfanne geben und alles verrühren. Die Füllung etwas abkühlen lassen.

4 Zwei Drittel des Teiges ausrollen und eine runde Springform (20 cm Ø) damit auslegen. Die Füllung darauf verteilen. Die Teigränder mit Milch bestreichen. Den restlichen Teig ausrollen und auf die Füllung legen. Die Teigränder zusammendrücken, die Oberfläche leicht einritzen und mit Milch bestreichen.

5 Den Kuchen im Backofen 30–40 Minuten goldbraun backen. Heiß servieren.

2

2

Kartoffel-Spinat-Taschen

Für 4 Personen

Butter, zum Einfetten
225 g fest kochende Kartoffeln
500 g Blattspinat
2 EL Wasser
1 Tomate, gewürfelt
½ TL Chilipulver
½ TL Zitronensaft
Salz und Pfeffer
225 g Filo-Teig, Tiefkühlware aufgetaut
25 g Butter, zerlassen
frischer grüner Salat, zum Servieren

ZITRONEN-MAYONNAISE
150 g Mayonnaise
2 TL Zitronensaft
abgeriebene Schale von 1 Zitrone

1 Ein Backblech leicht mit Butter einfetten.

2 Die Kartoffeln würfeln und in einem Topf mit kochendem Wasser 10 Minuten weich garen, abgießen und in eine Schüssel geben.

3 Unterdessen den Spinat mit den 2 Esslöffeln Wasser in einen Topf geben, den Deckel aufsetzen und 2 Minuten dünsten, bis der Spinat leicht zusammengefallen ist. Abgießen und zu den Kartoffeln geben.

4 Tomate, Chilipulver und Zitronensaft zufügen, alles verrühren und gut mit Salz und Pfeffer abschmecken.

5 Teigblätter leicht mit zerlassener Butter einpinseln und je 2 davon aufeinander legen. Die doppellagigen Teigstücke in etwa 20 x 10 cm große Rechtecke schneiden.

6 Die Kartoffel-Spinat-Füllung auf je eine Ecke des Teigrechtecks legen. Eine Ecke des Teigs so über die Füllung falten, dass ein Dreieck entsteht. Dieses auf das freie Rechteck klappen und die verbliebene Ecke wieder über die Teigtasche falten, sodass ein neues Dreieck entsteht.

7 Die Teigtaschen auf das Backblech legen und im vorgeheizten Backofen bei 190 °C 20 Minuten goldbraun backen.

8 Für die Mayonnaise alle Zutaten in einer Schüssel verrühren. Die Teigtaschen warm oder kalt mit der Mayonnaise und frischem grünem Salat servieren.

Filo-Quiches mit Avocado-Salsa

Ergibt 20 Stück

TEIGKÖRBCHEN

75 g Filo-Teig

3 EL zerlassene Butter, plus etwas mehr zum Einfetten

AVOCADO-SALSA

1 große Avocado

1 kleine rote Zwiebel, fein gewürfelt

1 frische Chili, fein gehackt

2 Tomaten, gehäutet, fein gewürfelt

Saft von 1 Limette

2 EL frisch gehackter Koriander

Salz und Pfeffer

TIPP

Die Teigkörbchen können bis zu 1 Woche im Voraus zubereitet und luftdicht verschlossen gelagert werden. Servieren Sie sie jedoch unmittelbar nach dem Füllen, da sie sonst rasch weich werden.

1 Backofen auf 180 °C vorheizen. Die Teigblätter nach und nach mit zerlassener Butter bestreichen und mit einem scharfen Messer in kleine Quadrate (5 cm) schneiden. Während der Arbeit an einem Teigblatt die übrigen Blätter mit einem Tuch abdecken, damit sie nicht austrocknen.

1

2 20 Vertiefungen in mehreren Muffinblechen einfetten und mit jeweils 3 gefetteten, versetzt übereinander gelegten Filo-Teig-Quadraten auslegen. So fortfahren, bis der Teig verbraucht ist. Die Nester 6–8 Minuten im Ofen goldgelb und knusprig backen, dann auskühlen lassen.

2

3 Für die Salsa die Avocado schälen und entkernen. Das Fruchtfleisch fein würfeln und mit Zwiebel, Chili, Tomaten, Limettensaft und Koriander in eine Schüssel geben. Die Mischung mit Salz und Pfeffer abschmecken, dann auf die Teigkörbchen verteilen und diese sofort servieren.

3

Spinat-Käse-Taschen

Für 4 Personen

- 2 EL Olivenöl
- 2 EL fein gehackte Schalotten
- 200 g Blattspinat, gewaschen und grob gehackt
- Salz und Pfeffer
- 2 Blätter Filo-Teig
- 125 g Feta (Abtropfgewicht), zerkrümelt
- 6 getrocknete Tomaten, abgetropft, fein gehackt
- 125 g Butter, zerlassen, plus etwas mehr zum Einfetten

1 Den Backofen auf 200 °C vorheizen. Das Öl in einem Topf erhitzen. Die Schalotten bei mittlerer Hitze 2–3 Minuten andünsten. Den Spinat dazugeben, die Hitze erhöhen und den Spinat unter ständigem Rühren 2–3 Minuten garen. Den Spinat abtropfen lassen, salzen und pfeffern, dann auskühlen lassen.

2 Die Teigblätter in jeweils 6 Streifen schneiden. Esslöffelgroße Spinatportionen auf jeweils eine Ecke der Teigstreifen setzen und mit etwas Käse und Tomatenwürfeln bestreuen. Den Teig im rechten Winkel über die Füllung schlagen und den Teig bis zum Ende auffalten, sodass dreieckige Teigtaschen entstehen.

3 Die Teigtaschen an den Kanten mit Butter bestreichen, auf ein Backblech legen und die Oberfläche ebenfalls mit Butter bestreichen. Im Ofen 10 Minuten goldbraun und knusprig backen. Sofort servieren.

Sardellen-Oliven-Ecken

Ergibt 40 Stück

50 g Sardellenfilets in Olivenöl, abgetropft und grob gehackt
50 g schwarze Oliven, grob gehackt
125 g Manchego-Käse, fein gerieben
100 g Weizenmehl Type 405, plus etwas mehr zum Bestäuben
125 g Butter, gewürfelt
½ TL Cayennepfeffer, plus etwas mehr zum Bestreuen

1 Sardellenfilets, Oliven, Käse, Mehl, Butter und Cayennepfeffer in der Küchenmaschine zu einem Teig verarbeiten. Den Teig zu einer Kugel formen und in Frischhaltefolie eingeschlagen 30 Minuten im Kühlschrank ruhen lassen.

2 Den Backofen auf 200 °C vorheizen. Den Teig auf einer leicht bemehlten Arbeitsfläche durchkneten. Dünn ausrollen und in ca. 5 cm breite Streifen schneiden. Diese in Dreiecke schneiden.

3 Die Dreiecke auf 2 Backbleche legen und leicht mit Cayennepfeffer bestreuen. Im Ofen 10 Minuten goldbraun backen. Auf einem Kuchengitter vollständig auskühlen lassen.

1

2

3

Feta-Spinat-Hörnchen

Ergibt 16 Stück

450 g Blattspinat, dicke Strünke entfernt
4 Schalotten, fein gehackt
2 Eier, leicht verquirlt
1 EL frisch gehackte Petersilie
1 EL frisch gehackter Dill
350 g Feta
Pfeffer
8 Blätter Filo-Teig (ca. 12 cm x 18 cm), Tiefkühlware aufgetaut
Olivenöl, zum Bestreichen

1 Den Backofen auf 190 °C vorheizen. Einen großen Topf 1 cm hoch mit Wasser füllen und dieses aufkochen. Den Spinat unter einmaligem Wenden 1–2 Minuten dünsten, bis die Blätter zusammenfallen. Den Spinat abtropfen lassen und möglichst viel Flüssigkeit ausdrücken. Den Spinat fein hacken und mit Schalotten, Eiern, Petersilie und Dill in eine Schüssel geben. Den Feta hineinkrümeln. Salzen und pfeffern, alles sorgfältig mischen.

2 Die Teigblätter mit Frischhaltefolie abdecken, damit sie nicht austrocknen. Ein Teigblatt mit Öl bestreichen und der Länge nach halbieren. Etwas Füllung auf einem Teigende verteilen, dabei auf beiden Seiten einen kleinen Rand lassen. Den Teigstreifen locker aufrollen, zu einem Hörnchen formen und auf ein Backblech legen. Mit den restlichen Teigblättern ebenso verfahren.

3 Die Hörnchen mit Öl bestreichen und im Ofen 25 Minuten goldbraun und knusprig backen. Fünf Minuten auf dem Backblech ruhen lassen, auf ein Kuchengitter heben und vollständig auskühlen lassen. Zimmerwarm servieren.

1

2

3

Spinat-Kartoffel-Pastete

Für 4 Personen

350 g Blätterteig, Tiefkühlware aufgetaut

Weizenmehl, zum Bestäuben

450 g frischer Spinat oder Mangold, gewaschen

Salz und Pfeffer

½ TL fein geriebene Muskatnuss

350 g kleine neue Kartoffeln, gekocht, geschält und in dicke Scheiben geschnitten

225 g Mozzarella, in Scheiben geschnitten oder gerieben

1 Ei

1 EL Wasser

Butter, zum Einfetten

1 Backofen auf 190 °C vorheizen. Den Blätterteig auf einer leicht bemehlten Arbeitsfläche zu einem Rechteck ausrollen und in ein großes (⅔) und ein kleines Rechteck (⅓) teilen. Die Kanten gerade schneiden. Die Teigreste für die Verzierung aufbewahren.

2 Teig 10 Minuten ruhen lassen. Spinat oder Mangold bei mittlerer Hitze 3–4 Minuten dünsten. Abgießen, hacken und mit Salz, Pfeffer und Muskat würzen. Das größere Rechteck mit Kartoffelscheiben auslegen, dabei ringsum einen Rand lassen. Salzen und pfeffern. Spinat auf den Kartoffeln verteilen, mit Käse bestreuen und mit den restlichen Kartoffeln belegen.

3 Ei und Wasser in einer Schale verquirlen. Die Teigränder nach oben klappen und mit Ei bestreichen. Mit dem kleineren Rechteck bedecken und die Ränder leicht andrücken.

4 Die Pastete auf ein gefettetes Backblech legen und mit Ei bestreichen. Die Teigreste ausrollen, Formen ausstechen, die Pastete damit verzieren und ebenfalls mit Ei bestreichen. Die Pastete im Ofen 30 Minuten backen. Vor dem Anschneiden und Servieren 5 Minuten ruhen lassen.

Spinatpastete

Für 4 Personen

Butter, zum Einfetten

2 Portionen Pasteten-Mürbeteig (s. S. 86), gekühlt

Mehl, zum Bestäuben

1 Ei, leicht verquirlt, zum Bestreichen

FÜLLUNG

450 g Spinat, Tiefkühlware aufgetaut

2 EL Olivenöl

1 große Zwiebel, gehackt

2 Knoblauchzehen, fein gehackt

2 Eier, leicht verquirlt

225 g Ricotta

50 g frisch geriebener Parmesan

1 Prise frisch geriebene Muskatnuss

Salz und Pfeffer

1 Den Ofen auf 200 °C vorheizen. Für die Füllung den Spinat abtropfen lassen und so viel Flüssigkeit wie möglich herauspressen. Das Olivenöl in einer großen Pfanne erhitzen. Die Zwiebel hineingeben und unter gelegentlichem Rühren 5 Minuten weich dünsten. Knoblauch und Spinat zugeben und unter gelegentlichem Rühren 10 Minuten garen. Die Pfanne vom Herd nehmen und leicht abkühlen lassen, dann Eier, Ricotta und Parmesan unterrühren. Mit Muskatnuss, Salz und Pfeffer abschmecken.

2 Eine Obstkuchenform (22 cm Ø) dünn mit Butter ausstreichen. ⅔ des Teigs auf einer leicht bemehlten Arbeitsfläche ausrollen. Die Form so mit dem Teig auslegen, dass er an der Kante übersteht. Spinatmischung hineingeben und gleichmäßig verteilen.

3 Den restlichen Teig auf einer leicht bemehlten Arbeitsfläche ausrollen und in 1 cm breite Streifen schneiden. Diese Streifen gitterförmig über die Pastete legen und am Rand festdrücken, überstehende Teigreste abschneiden. Mit dem Ei bestreichen und 45 Minuten im Ofen goldbraun backen. Die Pastete auf einem Kuchengitter ein wenig abkühlen lassen, dann erst aus der Form nehmen.

TIPP

Den Teig für den Boden behutsam in eine Richtung vom Körper weg ausrollen und dabei jedes Mal ein Stück drehen, damit er gleichmäßig dick wird.

VARIATION

Durch das Bestreichen mit Ei erhält die Pastete eine glänzende Oberfläche. Sie können den Teig stattdessen auch mit Milch bestreichen.

Tarte provençale

Für 6 Personen

200 g Blätterteig, Tiefkühlware aufgetaut
Mehl, zum Bestäuben
3 EL Olivenöl
2 rote Paprika, gewürfelt
2 grüne Paprika, gewürfelt
150 g Crème double
1 Ei
Salz und Pfeffer
2 Zucchini, in Scheiben geschnitten

TIPP

Dieses Rezept kann auch für 6 Minitörtchen verwendet werden. Dafür 6 kleine Backformen (15 cm x 10 cm) mit Teig auslegen, füllen und 20 Minuten backen.

1 Den Teig auf einer leicht bemehlten Arbeitsfläche ausrollen und eine Springform (20 cm Ø) damit auslegen. Anschließend 20 Minuten kalt stellen.

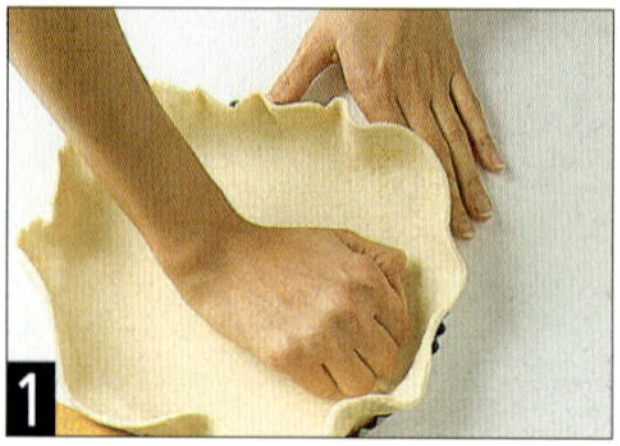

2 Unterdessen den Backofen auf 180 °C vorheizen. 2 Esslöffel Olivenöl in einer Pfanne erhitzen, die Paprikawürfel zufügen und etwa 8 Minuten unter Rühren weich dünsten. Crème double und Ei in einer Schüssel verquirlen und mit Salz und Pfeffer würzen. Anschließend die Paprikawürfel einrühren.

3 Das restliche Öl in der Pfanne erhitzen und die Zucchinischeiben darin 5 Minuten anbraten, bis sie leicht gebräunt sind. Die Paprikamischung in die vorbereitete Form füllen. Die Zucchinischeiben darauf anrichten.

4 Die so vorbereitete Tarte 35–40 Minuten in den vorgeheizten Backofen geben, bis die Füllung gestockt und der Teig goldbraun und knusprig ist.

Linsen-Paprika-Kuchen

Für 6 Personen

TEIG

225 g Weizenvollkornmehl

100 g Pflanzenmargarineflocken

4 EL Wasser

FÜLLUNG

175 g rote Linsen, gewaschen

300 ml Gemüsebrühe

15 g Pflanzenmargarine

1 Zwiebel, gehackt

2 rote Paprika, gewürfelt

1 TL Hefe-Extrakt

1 EL Tomatenmark

3 EL frisch gehackte Petersilie

Pfeffer

VARIATION

Etwas farbiger wird es, wenn Sie bei Schritt 4 Maiskörner zur Füllung geben.

1 Für den Teig das Mehl in eine Schüssel geben. Die Margarine mit den Fingern einarbeiten, bis ein krümeliger Teig entsteht. Das Wasser zufügen und alles zu einem glatten Teig verkneten. Den Teig 30 Minuten kalt stellen.

2 Für die Füllung Linsen und Brühe in einem Topf aufkochen. Die Hitze reduzieren und alles 10 Minuten köcheln lassen, bis die Linsen so weich sind, dass sie zu Püree verarbeitet werden können.

3 Die Margarine in einem kleinen Topf zerlassen, Zwiebel und Paprika darin weich dünsten.

4 Linsenpüree, Hefe-Extrakt, Tomatenmark und Petersilie zugeben. Alles mit Pfeffer würzen und gut vermengen.

5 Den Teig auf einer bemehlten Arbeitsfläche ausrollen und eine Springform (24 cm Ø) damit auslegen. Den Teigboden mehrmals mit einer Gabel einstechen und die Linsenmischung darauf verteilen.

6 Den so vorbereiteten Kuchen in einem auf 200 °C vorgeheizten Backofen 30 Minuten backen.

1

2

4

Pilz-Zwiebel-Quiche

Für 4 Personen

Butter, zum Einfetten

1 Portion Pasteten-Mürbeteig (s. S. 86), gekühlt

Mehl, zum Bestäuben

FÜLLUNG

50 g Butter

3 rote Zwiebeln, halbiert und in Ringe geschnitten

350 g gemischte Wildpilze, z. B. Steinpilze, Pfifferlinge, Morcheln

2 TL frisch gehackter Thymian

1 Ei

2 Eigelb

100 g Crème double

Salz und Pfeffer

TIPP

Der Mürbeteig kann bereits im Voraus zubereitet und tiefgekühlt werden. Dann den Teig vor Gebrauch jedoch vollständig auftauen, damit er nicht bricht.

1 Den Ofen auf 190 °C vorheizen. Eine Quicheform (22 cm Ø) dünn mit Butter ausstreichen. Den Teig auf einer leicht bemehlten Arbeitsfläche ausrollen, die Form damit auslegen und den Teigboden mit einer Gabel einstechen. 30 Minuten kalt stellen, dann mit Alufolie auslegen, mit getrockneten Bohnen belegen und 25 Minuten blindbacken. Alufolie und Bohnen entfernen und den Teig auf einem Kuchengitter abkühlen lassen. Ofen auf 180 °C herunterschalten.

2 Für die Füllung die Butter in einer großen Pfanne zerlassen. Die Zwiebeln hineingeben, abdecken und bei geringer Hitze unter gelegentlichem Rühren 20 Minuten dünsten. Pilze und Thymian zugeben und unter gelegentlichem Rühren weitere 10 Minuten dünsten. Die Mischung auf dem abgekühlten Quicheboden verteilen und die Form auf ein Backblech stellen.

3 Ei, Eigelb und Crème double leicht verquirlen und salzen und pfeffern. Die Mischung über die Pilzfüllung gießen. 20 Minuten im Ofen backen, bis die Füllung gestockt ist. Heiß oder warm servieren.

Quiche Lorraine

Für 1 Quiche (24 x 24 cm)

PASTETEN-MÜRBETEIG

125 g Weizenmehl Type 405, plus etwas mehr zum Bestäuben

1 Prise Salz

125 g Butter, gewürfelt

25 g Pecorino-Käse, gerieben

4–6 EL Eiswasser

BELAG

125 g Gruyère-Käse, in dünne Scheiben geschnitten

50 g Roquefort-Käse, zerkrümelt

175 g Schinkenspeckwürfel

3 Eier

125 g Schlagsahne

Salz und Pfeffer

1 Für den Teig Mehl und Salz in eine Schüssel sieben. Die Butter mit den Fingern einarbeiten, bis ein krümeliger Teig entsteht. Den Käse untermischen und so viel Wasser einkneten, bis der Teig geschmeidig wird. Zu einer Kugel formen und in Frischhaltefolie eingeschlagen 15 Minuten im Kühlschrank ruhen lassen.

2 Den Backofen auf 190 °C vorheizen. Den Teig auf einer leicht bemehlten Arbeitsfläche ausrollen und einen quadratischen Tortenboden (24 cm Seitenlänge) damit auslegen. Den Tortenboden auf ein Backblech setzen. Den Teig mehrmals mit einer Gabel einstechen, mit Backpapier auslegen und mit getrockneten Bohnen beschweren. Im Ofen 15 Minuten blindbacken. Backpapier und Bohnen entfernen und den Boden weitere 5–7 Minuten goldbraun backen. Leicht abkühlen lassen.

3 Für den Belag den Käse gleichmäßig auf dem Teigboden verteilen und mit den Speckwürfeln bestreuen. Eier und Sahne in einer Schüssel gut verquirlen. Salzen und pfeffern. Über die Speckwürfel gießen und 20 Minuten im Ofen backen, bis die Eimasse fest und goldbraun ist.

4 Die Quiche 10 Minuten in der Backform abkühlen lassen. Auf ein Kuchengitter heben und vollständig auskühlen lassen. Bis zum Servieren abgedeckt im Kühlschrank aufbewahren. Zimmerwarm servieren.

2

3

3

Provenzalischer Zwiebelkuchen

Für 4 Personen

4 EL Olivenöl, plus etwas mehr zum Einfetten
700 g rote Zwiebeln, in dünne Ringe geschnitten
2 Knoblauchzehen, zerdrückt
2 TL feinster Zucker
2 EL Rotweinessig
Salz und Pfeffer
1–2 EL Weizenmehl, zum Bestäuben
350 g frischer Blätterteig

BELAG
100 g eingelegte Sardellenfilets
12 grüne Oliven, entsteint
1 TL getrockneter Majoran

1 Ein Backblech leicht mit Öl einfetten. Das restliche Öl in einem großen Topf erhitzen. Zwiebeln und Knoblauch bei geringer Hitze unter gelegentlichem Rühren 30 Minuten dünsten.

2 Zucker und Essig zugeben, salzen und pfeffern.

3 Den Backofen auf 220 °C vorheizen. Den Blätterteig auf einer leicht bemehlten Arbeitsfläche auf die Größe des Backblechs ausrollen und das Backblech damit auslegen.

4 Topf vom Herd nehmen und die Zwiebeln auf dem Teig verteilen.

5 Gleichmäßig mit Sardellen und Oliven belegen und mit dem Majoran bestreuen.

6 Im Backofen 20–25 Minuten goldbraun backen. Sofort und noch sehr heiß servieren.

TIPP
In Rechtecke oder Dreiecke geschnitten eignet sich diese Spezialität ideal für Freiluft-Partys.

2

3

5

Gefüllte Dim-Sums

Für 4 Personen

4 TL Pflanzenöl
1–2 Knoblauchzehen, zerdrückt
225 g Schweinehack
225 g Pak-Choi-Kohl, klein geschnitten
5 TL helle Sojasauce
½ TL Sesamöl
8 Blätter Frühlingsrollen-Teig
(je 25 cm x 25 cm)
Öl, zum Frittieren
CHILISAUCE
60 g Zucker
50 ml Reisessig
2 EL Wasser
2 rote Chillies, fein gehackt

1 Das Öl in einem heißen Wok erhitzen. Den Knoblauch zugeben und 30 Sekunden anbraten. Das Schweinehack zugeben und 2–3 Minuten rühren, bis es leicht gebräunt ist.

2 Pak-Choi-Kohl, Sojasauce und Sesamöl zugeben und 2–3 Minuten anbraten. Vom Herd nehmen, beiseite stellen und abkühlen lassen.

3 Die Teigblätter auf einem Küchenbrett ausbreiten. Je 2 Esslöffel Schweinefleischmischung auf den Rand jedes Teigblatts geben. Die Teighülle einmal über die Füllung falten, die Seiten einschlagen und mit ein wenig Wasser bestreichen. Ganz aufrollen, die Ränder mit Wasser einpinseln und andrücken. 10 Minuten beiseite stellen.

4 Für die Chilisauce Zucker, Essig und Wasser in einem kleinen Kochtopf erhitzen und rühren, bis der Zucker aufgelöst ist. Die Mischung dann aufkochen und zu einem hellen Sirup einreduzieren. Vom Herd nehmen und die roten Chillies einrühren. Die Sauce abkühlen lassen.

5 Das Frittieröl erhitzen, bis es dampft. Die Hitze leicht reduzieren und die Teigröllchen portionsweise 3–4 Minuten goldbraun frittieren. Mit einem Pfannenwender herausheben und auf Küchenpapier abtropfen lassen. Zu den Dim-Sums Chilisauce servieren.

2

3

3

Böreks

Ergibt 20 Stück

225 g Feta
2 EL frisch gehackte Minze
2 EL frisch gehackte Petersilie
1½ EL frisch gehackter Dill
1 Prise frisch geriebene Muskatnuss
Pfeffer
20 Blätter Filo-Teig (ca. 12 cm x 18 cm)
Olivenöl, zum Bestreichen

1 Den Backofen auf 190 °C vorheizen. Den Feta in eine Schüssel krümeln und die Kräuter sowie Muskat dazugeben. Mit Pfeffer würzen und sorgfältig mischen.

2 Die Teigblätter mit Frischhaltefolie abdecken, damit sie nicht austrocknen. Ein Teigblatt mit Öl bestreichen, ein zweites darauf legen und ebenfalls mit Öl bestreichen. Der Länge nach halbieren. Eine teelöffelgroße Portion Fetamischung auf eine Ecke setzen. Den Teig im 45°- Winkel darüber schlagen und bis zum Ende des Streifens falten, sodass eine dreieckige Teigtasche entsteht.

3 Mit den restlichen Teigblättern ebenso verfahren. Die Böreks auf ein Backblech legen, mit etwas Öl bestreichen und im Ofen 15–20 Minuten goldbraun und knusprig backen. Auf ein Kuchengitter heben und vollständig auskühlen lassen. Zimmerwarm servieren. Böreks eignen sich auch zum Frittieren.

1

2

2

Gemüse-Samosas

Ergibt 30 Stück

3 große Kartoffeln, gewürfelt
Salz
125 g Erbsen, Tiefkühlware aufgetaut
60 g Mais, Tiefkühlware aufgetaut
2 Schalotten, fein gehackt
1 TL gemahlener Kreuzkümmel
1 TL gemahlener Koriander
2 frische grüne Chillies, fein gehackt
2 EL frisch gehackte Minze
2 EL frisch gehackter Koriander
4 EL Zitronensaft
12 Blätter Filo-Teig (ca. 12 cm x 18 cm)
zerlassene Butter, zum Bestreichen
Erdnuss- oder Maiskeimöl, zum Frittieren
Mango-Chutney, zum Servieren

1 Die Kartoffeln in einem Topf mit leicht gesalzenem Wasser aufkochen. Die Hitze reduzieren und die Würfel bei geschlossenem Deckel 15–20 Minuten garen. Unterdessen die Erbsen entsprechend der Packungsangabe garen, dann abtropfen lassen. Die Kartoffeln abgießen, mit einem Kartoffelstampfer oder einer Gabel grob zerdrücken und in eine Schüssel geben. Die Erbsen dazugeben.

2 Mais, Schalotten, Gewürze, Kräuter und Zitronensaft hinzufügen, salzen und gut vermengen.

3 Die Teigblätter mit Frischhaltefolie abdecken, damit sie nicht austrocknen. Ein Teigblatt mit Butter bestreichen und längs halbieren. 1 Esslöffel Füllung auf eine Ecke setzen. Den Teig im rechten Winkel darüber schlagen und bis zum Ende des Streifens auffalten, sodass eine dreieckige Teigtasche entsteht. Mit den restlichen Teigblättern ebenso verfahren.

4 Das Öl in einer großen Pfanne oder einer Fritteuse auf 180–190 °C erhitzen; ein Brotwürfel sollte in 30 Sekunden goldbraun frittiert sein. Die Samosas portionsweise im heißen Fett goldbraun frittieren. Mit einem Schaumlöffel herausnehmen und auf Küchenpapier abtropfen lassen. Alternativ die Samosas bei 200 °C im Ofen backen. Die Samosas heiß oder zimmerwarm mit Mango-Chutney servieren.

Würstchen im Schlafrock

Ergibt 48 Stück

450 g Brät

1 TL Worcestersauce

1 Ei, verquirlt, zum Bestreichen

TEIG

200 g Weizenmehl
Type 405

1 Prise Salz

½ TL Senfpulver

125 g Butter, gewürfelt

2–3 EL Eiswasser

1 Für den Teig Mehl, Salz und Senfpulver in eine Schüssel sieben. Die Butter dazugeben und mit den Fingern fein krümelig einarbeiten. So viel Wasser einkneten, bis ein weicher, aber nicht klebriger Teig entstanden ist. Den Teig zu einer Kugel formen und in Frischhaltefolie eingeschlagen 20 Minuten im Kühlschrank ruhen lassen.

2 Brät und Worcestersauce in einer Schüssel gut verrühren. Die Masse in 12 Portionen teilen und zwischen den Handflächen zu 15 cm langen Würsten rollen.

3 Den Backofen auf 190 °C vorheizen. Den Teig auf einer leicht bemehlten Arbeitsfläche zu einem 20 cm x 45 cm großen Rechteck ausrollen, mit einem scharfen Messer in 12 Rechtecke von ca. 5 cm x 15 cm schneiden. Die Würste auf die Teigrechtecke legen, den Teig zu beiden Seiten mit Wasser bestreichen, aufrollen und in 4 Stücke schneiden.

4 Die Teigrollen auf 2 Backbleche legen, mit Ei bestreichen und im vorgeheizten Ofen 10 Minuten goldbraun backen. Auf ein Kuchengitter heben und auskühlen lassen.

2

3

4

Brandteigkörbchen mit Krabbencocktail

Ergibt 22 Stück

BRANDTEIG

55 g Butter, plus etwas mehr zum Einfetten

150 ml Wasser

75 g Mehl, gesiebt

2 Eier, verquirlt

FÜLLUNG

2 EL Mayonnaise

1 TL Tomatenmark

150 g Krabben

1 TL Worcestersauce

Salz

Tabasco

einige Blätter Eisbergsalat, in Streifen geschnitten

Cayennepfeffer, zum Garnieren

TIPP

Die Brandteigkörbchen können bis zu 3 Stunden im Voraus gefüllt und bis zum Verzehr kalt gestellt werden. Vor dem Servieren sollten sie jedoch auf Zimmertemperatur erwärmt werden.

1 Backofen auf 180 °C vorheizen und ein Backblech mit Butter einfetten. Für den Teig Butter und Wasser in einem großen Topf aufkochen. Das gesamte Mehl auf einmal zugeben. Die Masse kräftig schlagen, bis sie sich vom Topfrand löst, dann leicht abkühlen lassen. Zuletzt die beiden Eier nacheinander kräftig unterschlagen. Die Masse in 22 walnussgroßen Portionen im Abstand von etwa 2 cm auf das vorbereitete Backblech setzen. Anschließend den Teig 35 Minuten goldgelb und knusprig backen und auf Kuchengittern abkühlen lassen. Dann je einen kleinen Deckel abschneiden.

2 Für die Füllung Mayonnaise, Tomatenmark, Krabben und Worcestersauce in eine Schüssel geben. Salz und Tabasco zufügen und alles gut vermengen.

3 Die Teigkörbchen mit einigen Salatstreifen füllen und ein wenig Krabbenmischung obenauf löffeln. Die fertigen Körbchen mit Cayennepfeffer garnieren und sofort servieren.

Ingwer-Krebsfleisch-Taschen

Ergibt 12 Stück

Butter, zum Einfetten
200 g Krebsfleisch aus der Dose, abgetropft
6 Frühlingszwiebeln, fein gehackt
2 TL Sojasauce
2,5-cm-Stück frischer Ingwer, gerieben
Pfeffer
12 Blätter Filo-Teig
75 g Butter, zerlassen
gehackte Frühlingszwiebel, zum Garnieren

1 Den Backofen auf 180 °C vorheizen und ein Backblech mit Butter einfetten. Krebsfleisch mit Frühlingszwiebeln, Sojasauce und Ingwer in einer Schüssel vermengen, pfeffern und beiseite stellen. Ein Filo-Teigblatt mit etwas Butter bestreichen, dann längs falten und erneut buttern; die übrigen Teigblätter mit einem Tuch abdecken.

2 1 Löffel Krebsfleischmischung auf eine Schmalseite des vorbereiteten Teigblatts geben. Einen Teigzipfel schräg über die Füllung falten, sodass ein rechtwinkliges Dreieck entsteht. Dieses so lange nach unten bzw. zur Seite klappen, bis der Teigstreifen zu einem dreieckigen Paket geworden ist.

3 Das fertige Paket auf das vorbereitete Backblech legen. Mit den übrigen Teigblättern und der restlichen Krebsfleischmischung ebenso verfahren. Die fertigen Pakete mit zerlassener Butter bestreichen und im vorgeheizten Backofen 20–25 Minuten knusprig und goldbraun backen. Dann mit gehackter Frühlingszwiebeln garnieren und warm servieren.

1

3

2

TIPP

Falls möglich, sollten Sie frisches Krebsfleisch verwenden, es schmeckt viel aromatischer als Dosenfleisch.

Neptuns Schatzbeutel

Ergibt 24 Stück

- 100 g roter Lachs aus der Dose, abgetropft
- 100 g Krebsfleisch aus der Dose, abgetropft
- 2 EL frisch gehackte Petersilie
- 8 Frühlingszwiebeln, fein gehackt
- 8 Blätter Filo-Teig (ca. 20 x 30 cm)
- zerlassene Butter, zum Bestreichen
- Maiskeimöl, zum Einfetten

1 Den Lachs häuten und entgräten, in eine Schüssel geben und mit einer Gabel grob zerkleinern. Das Krebsfleisch in einer zweiten Schüssel ebenfalls zerkleinern. Jeweils die Hälfte der Petersilie und der Frühlingszwiebeln in die Schüsseln geben und gut unterrühren.

2 Den Backofen auf 200 °C vorheizen. Die Teigblätter mit Frischhaltefolie abdecken, damit sie nicht austrocknen. Ein Teigblatt mit Butter bestreichen, ein zweites Blatt darauf legen und in 10 cm große Quadrate schneiden. Teelöffelgroße Portionen Lachs in die Mitte der Quadrate setzen. Die Kanten mit Butter bestreichen und zu Beuteln formen. Zum Schließen gut zusammenpressen. Den Vorgang mit zwei weiteren Blättern und der Lachsmischung wiederholen, dann ebenso mit der Krebsfleischmischung verfahren.

3 Ein Backblech leicht einfetten und die Beutel darauf legen. Im Ofen 15 Minuten goldbraun backen und warm servieren.

Thymianhörnchen

Ergibt 8 Stück

100 g weiche Butter, plus etwas mehr zum Einfetten
250 g Blätterteig, Tiefkühlware, aufgetaut
1 Knoblauchzehe, zerdrückt
1 TL Zitronensaft
1 TL getrockneter Thymian
Salz und Pfeffer

TIPP

Getrockneter Thymian würzt sehr aromatisch. Für diese Hörnchen können Sie statt Thymian auch andere getrocknete Kräuter, wie beispielsweise Rosmarin oder Salbei, verwenden.

1 Backofen auf 200 °C vorheizen. Ein Backblech leicht einfetten.

2 Den Teig auf einer leicht mit Mehl bestäubten Arbeitsfläche zu einem Teigkreis (etwa 25 cm Ø) ausrollen und in 8 Dreiecke schneiden.

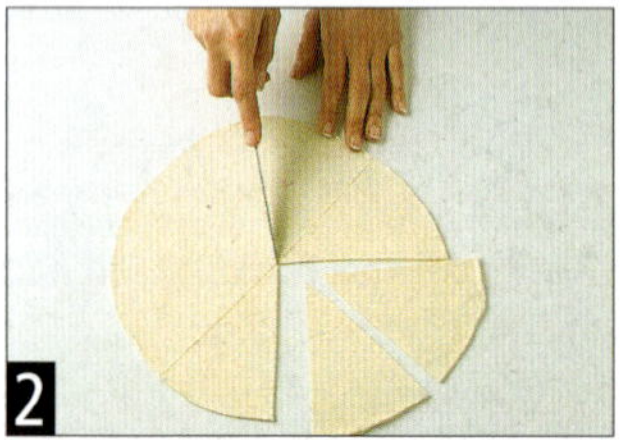

3 Butter, Knoblauch, Zitronensaft und Thymian in einer kleinen Schüssel mischen und mit Salz und Pfeffer würzen.

4 Die Dreiecke gleichmäßig mit der Butter-Thymian-Mischung bestreichen.

5 Jedes Dreieck von seinem breiten Ende aus vorsichtig aufrollen.

6 Die entstandenen Hörnchen 30 Minuten kalt stellen.

7 Das Backblech mit kaltem Wasser besprühen, damit beim Backen Feuchtigkeit entsteht und der Teig gut aufgehen kann.

8 Die Hörnchen auf das Blech legen und im vorgeheizten Backofen 10–15 Minuten goldbraun backen.

Käsetaler

Ergibt ca. 35 Stück

150 g Mehl, plus etwas mehr zum Bestäuben

150 g reifer, pikanter Käse, gerieben

150 g Butterflocken, plus etwas mehr zum Einfetten

1 Eigelb

Sesamsaat, zum Bestreuen

1 Backofen auf 200 °C vorheizen. Mehrere Backbleche einfetten.

2 Mehl und Käse in einer Schüssel mischen.

3 Die Butter mit den Fingern in die Mehlmischung einarbeiten, bis ein krümeliger Teig entsteht.

4 Das Eigelb zugeben und die Mischung zu einem glatten Teig verarbeiten. In Frischhaltefolie einwickeln und etwa 30 Minuten kalt stellen.

5 Den Teig auf einer bemehlten Arbeitsfläche dünn ausrollen und mehrere runde Scheiben von ca. 6 cm Ø ausstechen. Den Vorgang mit den Teigresten so lange wiederholen, bis etwa 35 Taler entstanden sind.

6 Die Taler auf die Backbleche legen und mit Sesamsaat bestreuen.

7 Die Käsetaler im vorgeheizten Backofen 20 Minuten hellbraun backen.

8 Aus dem Ofen nehmen und vor dem Servieren auf einem Rost etwas abkühlen lassen.

3

5

6

VARIATION

Für eine süße Version den Käse durch die abgeriebene Schale einer Zitrone ersetzen und am Ende von Schritt 2 125 g Zucker unterrühren. Eigelb mit 1 Esslöffel Cognac oder Rum verquirlen, dann unter den Teig mischen. Wie oben beschrieben ausrollen, ausstechen und backen.

TIPP

Sie können diesem Gebäck auch andere Formen verleihen. Kinder mögen oft Tierformen aller Art am liebsten.

Frittierte Kreuzkümmelplätzchen

Für 4 Personen

150 g Mehl

1 TL Backpulver

½ TL Salz

1 EL Kreuzkümmelsamen

100 ml Wasser

300 ml Öl

Dhaal, zum Servieren

TIPP

Wegen seines intensiveren Geschmacks kann hier schwarzer Kreuzkümmel verwendet werden. Weißer Kreuzkümmel ist viel milder.

1 Das Mehl in eine große Schüssel sieben.

2 Mit Backpulver, Salz und Kreuzkümmelsamen vermischen.

3 Das Wasser zugeben und die Mischung zu einem weichen, geschmeidigen Teig verarbeiten.

4 Den Teig auf einer Arbeitsfläche ca. 6 mm dick ausrollen.

5 Aus dem Teig rautenförmige Plätzchen schneiden. Die verbliebenen Teigränder erneut ausrollen und weitere rautenförmige Plätzchen ausschneiden, bis der Teig verbraucht ist.

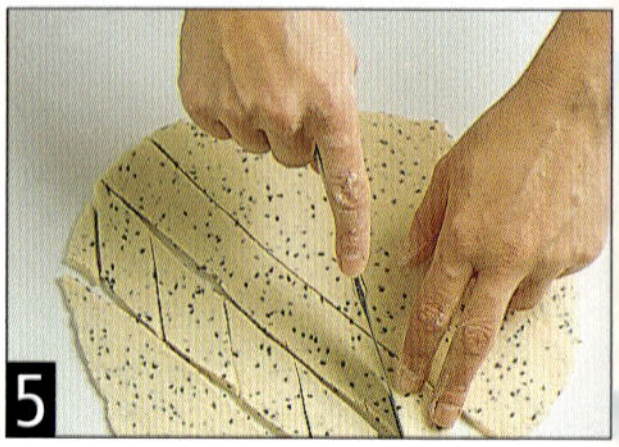

6 Das Öl in einem großen Topf auf ca. 180–190 °C erhitzen (ein Brotwürfel sollte in 30 Sekunden gebräunt sein).

7 Die Plätzchen vorsichtig, wenn nötig portionsweise ins Öl geben und goldbraun frittieren.

8 Die frittierten Plätzchen mit einem Schaumlöffel aus dem Topf heben und auf Küchenpapier abtropfen lassen. Mit Dhaal zum Dippen servieren oder luftdicht verschlossen bis zum Verzehr aufbewahren.

Fleisch & Geflügel

In diesem Kapitel kommen Fleischliebhaber auf ihre Kosten. Wie wäre es mit mundgerechten Häppchen wie Chicken Wings, paniert, mit Ingwer oder Honigglasur (s. S. 106, 111 und 114)? Oder Hähnchenschenkel mit Senf-Honig-Glasur (s. S. 108)? Wer es kräftig mag, hat die Wahl zwischen Spareribs mit Honig-Chili-Glasur oder mit Honig und Sojasauce (s. S. 124 und 130). Ganz einfach und allseits beliebt sind Spieße, etwa mit saftigem Hähnchenfleisch, zartem Rinderfilet und knackigem Gemüse (s. S. 109 und 110), knusprigem Schweinefleisch (s. S. 121) oder mit würziger Satay-Sauce (s. S. 118). Ebenfalls köstlich sind kleine Leckereien wie Pflaumen oder Würstchen im Speckmantel (s. S. 122 und 126) – damit kommt jede gesellige Runde in Schwung.

Chicken Wings aus dem Ofen

Für 4 Personen

12 Hähnchenflügel

1 Ei

125 ml Milch

4 gehäufte EL Weizenmehl

1 TL Paprika

Salz und Pfeffer

250 g Paniermehl

50 g Butter

VARIATION

Schärfer werden die Wings mit Chilipulver statt Paprika.

1 Den Backofen auf 220 °C vorheizen. Die Hähnchenflügel in 3 Teile trennen, dabei die knochigen Flügelspitzen entfernen. Ei und Milch in einem tiefen Teller verquirlen. Mehl, Paprika, Salz und Pfeffer auf einem zweiten Teller mischen. Das Paniermehl auf einen dritten geben.

1

1

2

2 Die Hähnchenteile in das Ei tauchen, dann im Mehl wenden. Das überschüssige Mehl abschütteln und die Teile im Paniermehl wenden, leicht andrücken und das überschüssige Paniermehl abschütteln.

3 Die Butter in einem Bräter oder einer Grillform (die Hähnchenteile sollten in einer Lage hineinpassen) im Ofen zerlassen. Die Hähnchenflügel mit der Hautseite nach unten in den Bräter legen und 10 Minuten im Ofen garen, bis sie zart sind; bei der Garprobe mit einem Holzstäbchen sollte der Fleischsaft klar austreten.

4 Die Hähnchenflügel auf einem Servierteller anrichten. Heiß oder zimmerwarm servieren.

Hähnchenschenkel mit Senf-Honig-Glasur

Ergibt 12 Stück

12 Hähnchenunterschenkel
175 ml Honig
6 EL körniger Senf
2 EL Dijon-Senf
2 EL Weißweinessig
3 EL Maiskeimöl
frische Petersilie, zum Garnieren

1 Die Hähnchenunterschenkel mehrmals mit einem scharfen Messer leicht einritzen. In eine große Auflaufform legen.

2 Honig, Senf, Essig und Öl gründlich in einem Becher verrühren und über die Hähnchenschenkel gießen. Die Hähnchenschenkel wenden, sodass sie gut mit der Glasur überzogen sind. Abgedeckt 2–3 Stunden oder vorzugsweise über Nacht im Kühlschrank marinieren.

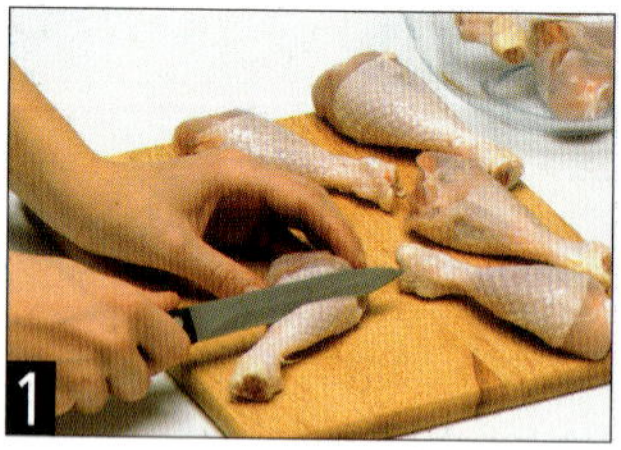

3 Den Backofengrill vorheizen. Die Hähnchenschenkel auf das Backofengitter legen, eine Fettpfanne darunter schieben und die Schenkel unter häufigem Wenden und Bestreichen mit der Glasur 25 Minuten grillen; bei der Garprobe mit einem Holzstäbchen sollte der Fleischsaft klar austreten. Auskühlen lassen, auf einem Servierteller anrichten und mit Petersilie garniert servieren.

Mini-Kebabs

Für 4 Personen

125 g Rinderfilet oder Rumpsteak
4 Champignons, in 1-cm-Würfel geschnitten
½ kleine Zwiebel, in 1-cm-Würfel geschnitten

MARINADE
60 ml Tomatensaft
60 ml Rinderbrühe
1 EL Worcestersauce
1 EL Zitronensaft
2 EL trockener Sherry
einige Tropfen Tabasco
2 EL Pflanzenöl
1 EL klein gehackter Sellerie

1 Das Fleisch in 1 cm große Würfel schneiden. Die Zutaten für die Marinade in einer großen Schüssel verrühren. Fleisch, Pilze und Zwiebeln hineingeben und gut mischen. Abgedeckt 30 Minuten kalt stellen.

2 Die Marinade abgießen und beiseite stellen. Fleisch- und Gemüsewürfel abwechselnd auf kleine Spieße stecken.

3 Eine Grillpfanne oder eine gusseiserne Pfanne stark erhitzen und die Spieße unter häufigem Wenden 5 Minuten leicht bräunen. Gelegentlich mit der Marinade bestreichen.

4 Die Spieße auf einem Servierteller anrichten und sofort servieren.

Mini-Hähnchenkebabs

Für 4 Personen

1 doppeltes Hähnchenbrustfilet, in 1-cm-Würfel geschnitten
½ kleine Zwiebel
½ rote Paprika, in 1-cm-Würfel geschnitten
½ grüne Paprika, in 1-cm-Würfel geschnitten

MARINADE
125 ml Orangen-, Ananas- oder Grapefruitsaft
1 EL süßer Sherry
60 ml dunkle Sojasauce
60 ml Hühnerbrühe
2 EL Apfelessig
1 TL Tomatenmark
2 EL brauner Zucker
1 Prise gemahlener Ingwer

1 Für die Marinade alle Zutaten in einer Schüssel verrühren. Die Fleischwürfel hineingeben und vermengen, sodass sie gut mit der Marinade überzogen sind.

2 Abgedeckt 30 Minuten im Kühlschrank marinieren.

3 Die Zwiebel in Spalten und mit dem Gemüse und den Fleischwürfeln abwechselnd auf kleine Spieße stecken. Die Marinade aufbewahren.

4 Eine Grillpfanne oder gusseiserne Pfanne stark erhitzen und die Kebabs unter häufigem Wenden 10 Minuten braten, bis sie gut gebräunt und gar sind. Während der ersten 5 Minuten mit der Marinade bestreichen.

5 Die Kebabs auf einem Servierteller anrichten und sofort servieren.

1

3

3

Chicken Wings mit Ingwer

Für 4 Personen

2 Knoblauchzehen, geschält
1 Ingwerpflaume, abgetropft
1 TL Koriandersamen
2 EL Ingwersirup
2 EL dunkle Sojasauce
1 EL Limettensaft
1 TL Sesamöl
12 Hähnchenflügel
GARNIERUNG
Limettenspalten
frische Korianderblätter

1 Knoblauch und Ingwer grob würfeln. Mit den Koriandersamen im Mörser zu einer Paste verarbeiten, dabei nach und nach Ingwersirup, Sojasauce, Limettensaft und Sesamöl zugießen.

VARIATION

Statt Hähnchenflügel können Sie für dieses Rezept auch Hähnchenschenkel verwenden. Achten Sie darauf, dass das Fleisch komplett durchgegart wird.

1

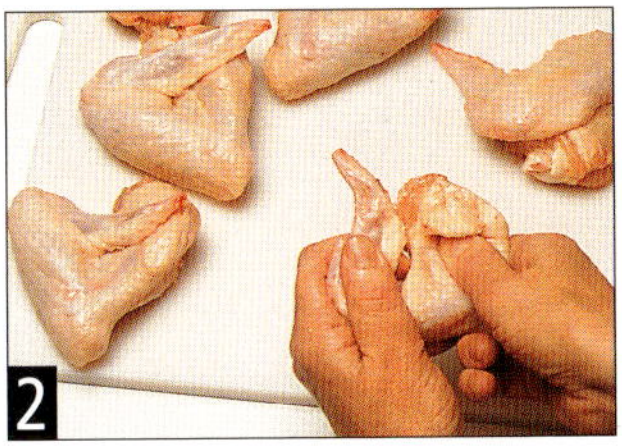

2

3

2 Die spitzen Enden der Hähnchenflügel unter die Flügel stecken, um gleichmäßige Dreiecke zu erhalten. Fleisch in eine große Schüssel geben.

3 Die Ingwerpaste in die Schüssel geben und die Hähnchenflügel darin wenden. Abdecken und einige Stunden oder über Nacht im Kühlschrank marinieren.

4 Die Hähnchenflügel nebeneinander in eine mit Alufolie ausgelegte Grillpfanne legen und unter den vorgeheizten Backofengrill schieben. Bei mittlerer Hitze unter gelegentlichem Wenden 12–15 Minuten grillen, bis das Fleisch goldbraun und gar ist.

5 Alternativ auf einem leicht eingeölten Grillrost auf dem Holzkohlegrill 15 Minuten grillen. Mit Limettenspalten und frischem Koriander servieren.

Geflügelklößchen mit Dip

Für 4–6 Personen

2 große Hähnchenbrustfilets

3 EL Öl

2 Schalotten, fein gehackt

½ Selleriestange, fein gehackt

1 Knoblauchzehe, zerdrückt

2 EL helle Sojasauce

1 kleines Ei, leicht verquirlt

Salz und Pfeffer

1 Bund Frühlingszwiebeln

Frühlingszwiebel-Quasten, zum Garnieren

DIP

3 EL dunkle Sojasauce

1 EL Reiswein

1 TL Sesamsaat

1 Das Fleisch in 2 cm große Würfel schneiden. Die Hälfte des Öls in einem Wok oder einer Pfanne erhitzen. Das Fleisch darin bei starker Hitze 2–3 Minuten goldbraun anbraten. Mit einem Schaumlöffel aus dem Wok nehmen und beiseite stellen.

2 Schalotten, Sellerie und Knoblauch in den Wok geben und kurz weich dünsten, aber nicht bräunen.

3 Fleisch, Schalotten, Sellerie und Knoblauch in eine Küchenmaschine geben und fein zerkleinern. 1 Esslöffel helle Sojasauce und gerade so viel Ei zugeben, dass eine feste Masse entsteht. Mit Salz und Pfeffer würzen.

4 Die Frühlingszwiebeln putzen und in 5 cm lange Stücke schneiden. Für den Dip die dunkle Sojasauce, den Reiswein und die Sesamsaat verrühren und beiseite stellen.

5 Aus dem Teig 16–18 walnussgroße Kugeln formen. Das restliche Öl in der Pfanne erhitzen und die Klößchen portionsweise 4–5 Minuten unter Rühren goldbraun braten. Auf Küchenpapier abtropfen lassen und warm stellen.

6 Die Frühlingszwiebeln 1–2 Minuten anbraten, bis sie weich werden, dann die restliche helle Sojasauce zugeben. Mit den Klößchen und dem Dip auf einer Platte anrichten und anschließend mit Frühlingszwiebel-Quasten garniert servieren.

Chicken Wings mit Honigglasur

Für 4 Personen

450 g Hähnchenflügel
2 EL Erdnussöl
2 EL helle Sojasauce
2 EL Hoisin-Sauce
2 EL Honig
2 Knoblauchzehen, zerdrückt
1 TL Sesamsaat

GEWÜRZMISCHUNG

1 getrocknete rote Chili
½–1 TL Chilipulver
½–1 TL gemahlener Ingwer
abgeriebene Schale von 1 Limette

TIPP

Die Chicken Wings können im Voraus zubereitet und nach dem Abkühlen tiefgekühlt werden. Die aufgetauten Hähnchenflügel abgedeckt im Ofen aufwärmen.

1 Für die Gewürzmischung die Chili in einem Mörser zerdrücken und mit den anderen Zutaten in einer kleinen Schüssel mischen.

2 Die Hähnchenflügel sorgfältig mit der Gewürzmischung einreiben. Abgedeckt mindestens 2 Stunden im Kühlschrank ruhen lassen, damit das Fleisch das Gewürzaroma annimmt.

3 Das Öl in einem vorgewärmten Wok oder einer Pfanne erhitzen.

4 Die Hähnchenflügel unter häufigem Wenden 10–12 Minuten goldbraun und knusprig braten. Das Bratfett abgießen.

4

5 Sojasauce, Hoisin-Sauce, Honig, Knoblauch und Sesamsaat in den Wok geben und die Hähnchenflügel mehrmals darin wenden.

5

6 Die Hitze reduzieren und die Hähnchenflügel unter häufigem Wenden weitere 20–25 Minuten garen; bei der Garprobe mit einem Holzstäbchen sollte der Fleischsaft klar austreten. Heiß servieren.

6

San-Francisco-Wings

Ergibt 12 Stück

5 EL dunkle Sojasauce
2 EL trockener Sherry
1 EL Reisessig
5-cm-Stück Orangenschale, ohne weiße Innenhaut
Saft von 1 Orange
1 EL brauner Zucker
1 Sternanis
1 TL Speisestärke, mit 3 EL Wasser verrührt
1 EL frisch gehackter Ingwer
1 TL Chilisauce
1,5 kg Hähnchenflügel

1 Backofen auf 200 °C vorheizen. Sojasauce, Sherry, Essig, Orangenschale und -saft, Zucker und Sternanis in einem Topf verrühren. Bei mittlerer Hitze aufkochen und die Speisestärke einrühren. Die Mischung unter Rühren 1 Minute kochen und eindicken lassen. Den Topf vom Herd nehmen und Ingwer und Chilisauce einrühren.

2 Die Flügelspitzen von den Hähnchenflügeln abtrennen. Die Hähnchenflügel in einer Lage in eine flache Auflaufform oder einen Bräter legen, mit der Sauce übergießen und wenden, bis sie gut mit Sauce überzogen sind.

3 Im Ofen 35–40 Minuten garen, dabei mehrmals wenden und mit Sauce bestreichen, bis das Fleisch gut gebräunt ist; bei der Garprobe mit einem Holzstäbchen sollte der Fleischsaft klar austreten. Heiß oder warm servieren.

Hähnchenunterschenkel mit Mango-Salsa

Für 4 Personen

8 Hähnchenunterschenkel ohne Haut
3 EL Mango-Chutney
2 TL Dijon-Senf
2 TL Maiskeimöl
1 TL Paprikapulver
1 TL schwarze Senfkörner, leicht zerstoßen
½ TL gemahlene Kurkuma
2 Knoblauchzehen, gehackt
Salz und Pfeffer

SALSA

1 Mango, gewürfelt
1 Tomate, fein gewürfelt
½ rote Zwiebel, in Ringe geschnitten
2 EL frisch gehackter Koriander

VARIATION

Statt der Kurkuma kann mildes Currypulver verwendet werden.

1 Jeden Unterschenkel mit einem Messer drei- oder viermal einschneiden und in einen Bräter legen.

2 Mango-Chutney, Senf, Öl, Gewürze, Knoblauch, Salz und Pfeffer in einer kleinen Schüssel mischen und auf das Fleisch geben. Die Schenkel wenden, um sie rundum mit der Glasur zu überziehen.

3 Den Backofen auf 200 °C vorheizen. Die Unterkeulen 40 Minuten backen und mehrfach mit der Glasur bestreichen.

4 Für die Salsa die Mango mit Tomate, Zwiebel und Koriander vermischen und kalt stellen.

5 Die Unterschenkel auf einem Teller anrichten und heiß oder kalt mit der Mango-Salsa servieren.

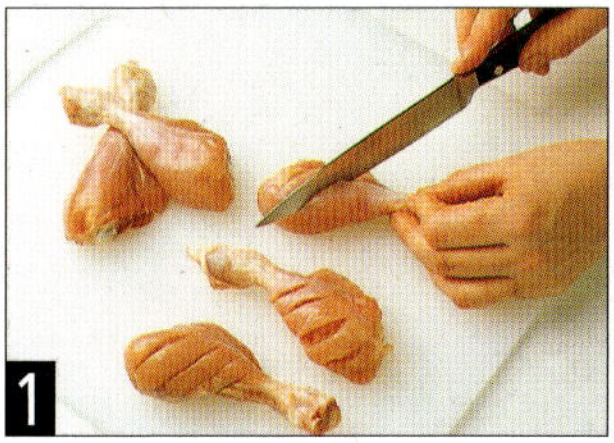
1

2

4

Hähnchen- oder Rindfleisch-Satay

Für 6 Personen

4 Hähnchenbrustfilets
oder 750 g Rumpsteak
Limettenspalten, zum Servieren

MARINADE
1 kleine Zwiebel, fein gehackt
1 Knoblauchzehe, zerdrückt
2,5-cm-Stück Ingwer, geschält und gerieben
2 EL dunkle Sojasauce
2 TL Chilipulver
1 TL gemahlener Koriander
2 TL brauner Zucker
1 EL Zitronen- oder Limettensaft
1 EL Pflanzenöl

SAUCE
300 ml Kokosmilch
4 EL Erdnussbutter mit Stückchen
1 EL Fischsauce
1 TL Zitronen- oder Limettensaft
Salz und Pfeffer

1 Das Fleisch mit einem scharfen Messer von Fett befreien und in dünne, etwa 7 cm lange Streifen schneiden.

2 Für die Marinade alle Zutaten in eine flache Schüssel geben und gut verrühren. Die Fleischstreifen gründlich darin wenden. Mit Frischhaltefolie abdecken und 2 Stunden oder über Nacht im Kühlschrank marinieren.

3 Das Fleisch aus der Marinade nehmen und die Streifen auf dünne Bambus- oder Holzspieße (Satays) aufstecken, die zuvor in Wasser eingeweicht werden müssen.

4 Die Fleischspieße unter dem vorgeheizten Grill 8–10 Minuten grillen. Dabei gelegentlich wenden und mit der Marinade bestreichen.

5 Unterdessen für die Sauce die Kokosmilch mit Erdnussbutter, Fischsauce und Zitronen- oder Limettensaft in einem Topf mischen. Aufkochen und 3 Minuten garen. Mit Salz und Pfeffer abschmecken.

6 Die Sauce in eine Servierschüssel füllen und zusammen mit den Satay-Spießen und den Limettenspalten servieren.

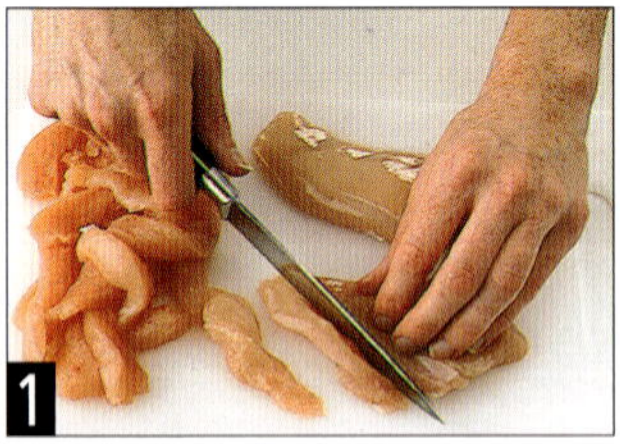
1

2

Rindfleisch-Kebabs

Für 4 Personen

8 Frühlingszwiebeln
700 g Rumpsteak, in Stücke geschnitten
8 Kirschtomaten, halbiert
1 EL körniger Senf
1 TL Worcestersauce
½ TL Balsamico-Essig
4 EL Maiskeimöl
Salz und Pfeffer

1 Den Backofengrill auf 180 °C vorheizen. Frühlingszwiebeln in 10–13 cm lange Stücke schneiden und längs halbieren. Fleischwürfel, Frühlingszwiebel- und Kirschtomatenhälften abwechselnd auf 4 Spieße aus Metall oder eingeweichtem Holz aufspießen. Die Spieße auf einen Ofenrost legen.

TIPP

Hier lässt sich Zeit sparen, wenn Sie Metallspieße verwenden, denn Holzspieße müssen mindestens 30 Minuten in warmem Wasser eingeweicht werden, damit sie unter dem Grill nicht anbrennen.

2 Senf, Worcestersauce und Essig in einer kleinen Schüssel verrühren. Mit dem Schneebesen das Öl einrühren und salzen und pfeffern.

3 Die Kebabspieße mit der Ölmischung einstreichen und unter dem heißen Grill 4 Minuten rösten. Dann wenden, nochmals mit dem Öl einstreichen und weitere 4 Minuten rösten. Spieße auf einer großen Servierplatte anrichten und sofort servieren.

1

2

3

Schweinefleisch-Satay

Für 4 Personen

500 g Schweinefilet (Lendenstück)
SAUCE
125 g ungesalzene Erdnüsse
2 TL scharfe Chilisauce
175 ml Kokosmilch
2 EL Sojasauce
1 EL gemahlene Koriandersamen
1 Prise gemahlene Kurkuma
1 EL brauner Zucker
Salz
ZUM GARNIEREN
glatte Petersilie oder Koriander
Gurkenblätter (s. Tipp)
rote Chillies

TIPP

„Gurkenblätter" erhalten Sie, wenn Sie eine dicke Gurkenscheibe in Blattform zuschneiden. Ritzen Sie dann blattaderartige Rillen in das Gurkenfleisch.

1 Für die Sauce die Erdnüsse auf einem Backblech ausbreiten und unter einem heißen Grill goldbraun rösten, dabei ein- oder zweimal wenden. Abkühlen lassen und dann in einem Mixer oder einer Küchenmaschine mahlen. Alternativ die Erdnüsse mit einem Messer sehr fein hacken.

2 Die gemahlenen Erdnüsse mit scharfer Chilisauce, Kokosmilch, Sojasauce, Koriander, Kurkuma, Zucker und Salz in einen Topf geben. Unter ständigem Rühren schwach erhitzen. Die Sauce dabei nicht anbrennen lassen. Bei geringer Hitze 5 Minuten leicht köcheln lassen.

2

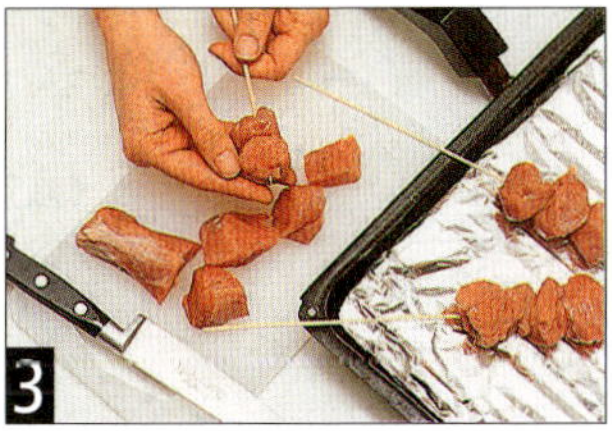

3

3 Unterdessen das Schweinefleisch von Fett befreien, in kleine Würfel schneiden und auf die zuvor in Wasser eingeweichten Bambusspieße stecken. Diese auf einen mit Alufolie bedeckten Rost in eine Grillpfanne legen.

4 Die Hälfte der Erdnuss-Sauce in eine kleine Servierschüssel füllen. Die Spieße mit der restlichen Satay-Sauce bestreichen und 10 Minuten unter den vorgeheizten Grill legen, dabei oft wenden und mit Bratensaft beträufeln.

5 Das Fleisch zusammen mit der Erdnuss-Sauce servieren und mit Petersilie oder Koriander, Gurkenblättern und roten Chillies garnieren.

Pflaumen im Speckmantel

Für 4 Personen

12 Scheiben Frühstücksspeck
12 Backpflaumen, Datteln oder Wasserkastanien

1 Die Speckscheiben zum Glätten und Strecken auf dem Schneidebrett unter einem Messerrücken durchziehen.

2 Je 1 Backpflaume, Dattel oder Wasserkastanie auf eine Speckscheibe legen und aufrollen. Das Röllchen mit einem Holzstäbchen feststecken.

3 Eine Grillpfanne sehr stark erhitzen oder den Backofengrill vorheizen und die Pflaumen im Speckmantel 5–10 Minuten goldbraun und knusprig grillen, dabei einmal wenden. Welche Zutat Sie auch mit Speck umwickeln, sie sollte stets gut erhitzt und gegart werden. Alternativ die Speckröllchen auf dem Backblech 20–30 Minuten bei 200 °C im Backofen garen.

4 Auf einem Servierteller anrichten und sofort servieren.

VARIATION

Der Frühstücksspeck kann auch durch mit Öl bestrichenen Prosciutto ersetzt werden.

Dreierlei herzhafte Röllchen

Ergibt 50–60 Stück

MIT SCHINKEN UND FRISCHKÄSE
175 g Doppelrahmfrischkäse
4 große Scheiben Kochschinken
4 EL frisch gehackter Schnittlauch

MIT ROASTBEEF UND MEERRETTICH
100 g Schlagsahne
2 EL Sahne-Meerrettich
4 große Scheiben Roastbeef (medium)

MIT LACHS UND DILLSAHNE
200 g Schlagsahne
2 EL frisch gehackter Dill
Pfeffer
4 große oder 8 mittlere Scheiben Räucherlachs
4 EL Zitronensaft

1 Für die Schinken-Frischkäse-Röllchen den Frischkäse gleichmäßig auf die Schinkenscheiben streichen. Mit Schnittlauch bestreuen. Die Schinkenscheiben fest aufrollen und in Frischhaltefolie einschlagen. Im Kühlschrank 1 Stunde kühlen.

2 Für die Roastbeef-Meerrettich-Röllchen die Sahne steif schlagen, den Sahne-Meerrettich unterrühren und gleichmäßig auf die Roastbeefscheiben streichen. Die Roastbeefscheiben fest aufrollen und in Frischhaltefolie einschlagen. Im Kühlschrank 1 Stunde kühlen.

3 Für die Lachs-Dillsahne-Röllchen die Sahne steif schlagen, Dill und Pfeffer unterheben und gleichmäßig auf die Lachsscheiben streichen. Die Lachsscheiben fest aufrollen und in Frischhaltefolie einschlagen. Im Kühlschrank 1 Stunde kühlen.

4 Vor dem Servieren die Rouladen nacheinander auswickeln und in Scheiben schneiden. Die Lachs-Dill-sahne-Röllchen vor dem Schneiden mit etwas Zitronensaft beträufeln. Die Röllchen mit Holzstäbchen feststecken und auf einem Servierteller anrichten.

Spareribs mit Honig-Chili-Glasur

Ergibt 30 Stück

- 2 EL Erdnuss- oder Maiskeimöl
- 1 Zwiebel, fein gehackt
- 1 Knoblauchzehe, fein gehackt
- 1 frische grüne Chili, entkernt und und fein gehackt
- 3 EL Honig
- 2 EL Tomatenmark
- 1 EL Weißweinessig
- 1 Prise Chilipulver
- 150 ml Hühnerbrühe
- 800 g Schälrippchen, zerteilt

1 Den Backofen auf 190 °C vorheizen. Das Öl in einer Pfanne erhitzen. Zwiebel, Knoblauch und Chili bei mittlerer Hitze unter gelegentlichem Rühren 5 Minuten weich dünsten. Honig, Tomatenmark, Essig, Chilipulver und Brühe unterrühren und aufkochen. Die Hitze reduzieren und die Mischung unter gelegentlichem Rühren 15 Minuten köcheln und eindicken lassen.

2 Unterdessen die Rippchen in 5 cm lange Stücke hacken, in einen Bräter oder eine Grillform legen und mit der Sauce begießen. Die Rippchen wenden, bis sie gut mit Sauce überzogen sind. Im Backofen 1 Stunde garen, dabei häufig wenden und mit Sauce bestreichen, bis sie gut gebräunt sind.

3 Die Spareribs auf einer vorgewärmten Servierplatte anrichten und sofort servieren.

Thai-Klößchen

Für 4 Personen

400 g Schweinehack
4 EL gekochter Reis
1 Knoblauchzehe, zerdrückt
1 TL thailändische rote Currypaste
1 TL Pfeffer
1 TL gemahlener Koriander
½ TL Salz
3 EL Limettensaft
2 EL frisch gehackte Korianderblätter
3 EL Erdnussöl
Sojasauce, zum Servieren
ZUM GARNIEREN
Gurkenscheiben
frische rote Chilistreifen

TIPP

Diese Klößchen sind auch eine ideale Vorspeise. Formen Sie dafür etwa 16 mundgerechte Stücke und servieren Sie sie mit Soja-Dip.

1 Fleisch, Reis, Knoblauch, Currypaste, Pfeffer, gemahlenen Koriander, Salz, Limettensaft und frischen Koriander in einer Schüssel mit den Händen zu einer glatten Masse kneten.

1

2 Aus der Masse 12 kleine Klößchen formen. Alternativ den Teig in Wurstsaitling füllen und diesen in regelmäßigen Abständen abdrehen.

2

3 Das Öl in einer großen Pfanne auf mittlerer Stufe erhitzen. Die Klößchen portionsweise 8–10 Minuten unter gelegentlichem Wenden rundum goldbraun braten. Mit Gurkenscheiben und Chilistreifen garnieren und heiß mit Sojasauce servieren.

3

Würstchen im Speckmantel

Ergibt 48 Stück

16 große Bratwürste
4 EL Dijon-Senf
48 Backpflaumen
16 Scheiben Frühstücksspeck

VARIATION

Backpflaumen können durch getrocknete Aprikosen und Dijon-Senf durch eine andere Sorte, z. B. körnigen Senf, ersetzt werden. Abwechslungsreicher wird es, wenn Sie verschiedene Bratwurstsorten verwenden.

1 Die Bratwürste der Länge nach aufschlitzen. Die Schlitze gleichmäßig mit Senf ausstreichen und je 3 Backpflaumen hineinsetzen. Die Bratwürste fest zusammendrücken.

1

2 Die Speckscheiben zum Glätten und Strecken auf dem Schneidebrett unter einem Messerrücken durchziehen. Die Bratwürste mit je einer Scheibe umwickeln.

2

3 Den Backofengrill vorheizen und die Bratwürste unter häufigem Wenden 15 Minuten knusprig grillen. Jede Bratwurst zweimal so durchschneiden, dass jedes Stück eine Backpflaume enthält. Mit einem Holzstäbchen feststecken, auf einem Servierteller anrichten und sofort servieren.

3

Chorizo-Oliven-Frittata

Für 4 Personen

50 g Butter
1 kleine Zwiebel, fein gehackt
1 kleine grüne oder rote Paprika, fein gehackt
2 Tomaten, gewürfelt
2 gekochte Kartoffeln, gewürfelt
125 g Chorizo oder Salami, fein gewürfelt
8 grüne oder schwarze Oliven, fein gehackt
8 große Eier
2 EL Milch
Salz und Pfeffer
50 g geriebener Käse
GARNIERUNG
Salatblätter
Peperonistreifen

1 Den Backofengrill vorheizen. Die Butter in einer großen Pfanne zerlassen. Zwiebel, Paprika und Tomaten bei mittlerer Hitze unter Rühren 3–4 Minuten weich dünsten. Kartoffeln, Chorizo oder Salami und Oliven dazugeben und 5 Minuten auf niedriger Stufe erhitzen. Eier, Mich, Salz und Pfeffer in einer Schüssel verquirlen.

2 Eier in die Pfanne schlagen und bei geringer Hitze stocken lassen, dabei die Frittata gelegentlich vom Pfannenrand lösen und die Pfanne schwenken, damit sich die Eimasse gleichmäßig verteilt.

3 Wenn die Eimasse außen fest und nur noch in der Mitte etwas flüssig ist, mit Käse bestreuen und unter dem Grill 2 Minuten überbacken, bis der Käse geschmolzen ist. Die Frittata in der Pfanne auskühlen lassen. In Stücke schneiden und mit Salat und Peperonistreifen garniert servieren.

1

2

3

Chorizo-Artischocken-Quesadillas

Für 4–6 Personen

1 Chorizowurst
1 große milde grüne Chili oder grüne Paprika
4 Maismehl-Tortillas, erwärmt
8–10 eingelegte Artischockenherzen, abgetropft und gewürfelt
2 Knoblauchzehen, fein gehackt
350 g geriebener Käse
1 Tomate, gewürfelt
2 Frühlingszwiebeln, in Ringe geschnitten
1 EL frisch gehackter Koriander

1 Backofengrill auf mittlere Hitze vorheizen. Die Chorizowurst fein würfeln und in einer gusseisernen Pfanne leicht anbräunen.

2 Die Chili halbieren, entkernen und mit der Schnittseite nach unten für etwa 10 Minuten unter den vorgeheizten Grill legen, bis die Haut Blasen wirft und sich stellenweise schwarz verfärbt. Dann abkühlen lassen, häuten und in kleine Würfel schneiden.

3 Die Tortillas auf ein Backblech legen. Chorizo und Artischockenherzen darauf verteilen.

4 Knoblauch und Käse über die Tortillas streuen und diese unter dem Backofengrill erhitzen, bis der Käse Blasen wirft.

5 Tomate, Frühlingszwiebeln, Chili oder Paprika und Koriander auf die noch warmen Tortillas verteilen. Anschließend in kleine Dreiecke schneiden und servieren.

1

3

4

Spareribs mit Honig und Sojasauce

Für 4 Personen

1 kg Schälrippchen, zerteilt
½ Zitrone
½ kleine Orange
2,5-cm-Stück Ingwer, geschält
2 Knoblauchzehen, geschält
1 kleine Zwiebel, gehackt
2 EL Sojasauce
2 EL Reiswein
½ TL thailändisches Sieben-Gewürz-Pulver
2 EL Honig
1 EL Sesamöl
Zitronenscheiben, zum Garnieren
Orangenspalten, zum Servieren

TIPP

Wer keine Küchenmaschine hat, reibt die Schale von den Zitrusfrüchten ab und presst den Saft aus. Ingwer reiben, Knoblauch pressen und Zwiebel fein würfeln. Dann mit den restlichen Zutaten vermischen.

1 Backofen auf 180 °C vorheizen. Die Rippchen in einen großen Bräter legen, locker mit Alufolie abdecken und 30 Minuten in den Ofen stellen.

2 Die Kerne aus der Zitrone und Orange entfernen. Die Früchte mit Ingwer, Knoblauch, Zwiebel, Sojasauce, Reiswein, Sieben-Gewürz-Pulver, Honig und Sesamöl vermischen und alles in der Küchenmaschine glatt pürieren.

3 Das Fett aus dem Bräter abgießen, dann das Püree gleichmäßig auf den Spareribs verteilen.

4 Die Spareribs in dem Püree wenden. Wieder in den Ofen geben und die Temperatur auf 200 °C erhöhen. Unter gelegentlichem Wenden und Bestreichen 40 Minuten bräunen. Mit Zitronenscheiben garniert und mit Orangenspalten angerichtet servieren.

1

3

4

Fisch & Meeresfrüchte

Gerichte mit Fisch und Meeresfrüchten umgibt stets ein gewisser Hauch von Eleganz und Raffinesse, umso mehr, wenn sie ansprechend garniert und präsentiert werden. In diesem Kapitel finden Sie klassische Häppchen und Kanapees wie gefüllte Eier (s. S. 134) oder Calamari fritti (s. S. 148) ebenso wie ausgefallenere Kreationen, z. B. Karibische Krebsküchlein (s. S. 145) oder Garnelentaschen mit süßer Sojasauce (s. S. 138). Andere Häppchen eignen sich besonders zum Dippen delikater Saucen, wie die Fischküchlein mit Petersilie (s. S. 144) oder die Thailändischen Fischküchlein (s. S. 150). Viele machen schon beim bloßen Hinsehen Appetit, wie die Knusprigen Krebsfleisch-Wantans (s. S. 146) oder die Muscheln im würzigen Teigmantel (s. S. 147), die in ihren dekorativen Schalen serviert werden.

Gefüllte Eier

Für 4 Personen

8 hart gekochte Eier

2 EL Thunfisch aus der Dose, abgetropft und zerkleinert

4 Sardellenfilets in Olivenöl, abgetropft (1 TL Öl auffangen), grob gehackt

6 schwarze Oliven, entsteint

1 TL Kapern

TIPP

Wenn weder Thunfisch noch Sardellen in Olivenöl eingelegt sind, können Sie natives Olivenöl extra oder Kräuteröl verwenden, um die Eipaste cremig zu rühren.

1 Die Eier pellen und halbieren. Das Eigelb mit einem Teelöffel herauslösen und mit dem Thunfisch, 2 Sardellenfilets, 4 Oliven und den Kapern in die Küchenmaschine geben.

2 Die Zutaten zu einer glatten Paste verarbeiten und so viel Sardellenöl unterrühren, dass die Paste geschmeidig wird.

3 Eiweiße auf einem Servierteller anrichten und die Mulden mit der Eipaste füllen, entweder mithilfe eines Teelöffels oder eines Spritzbeutels.

4 Die restlichen Sardellenfilets und Oliven in feine Streifen schneiden und die Eier damit garnieren. Anschließend sofort servieren.

1

2

3

Buttergarnelen

Für 8 Personen

275 g Butter

3 ganze Muskatblüten (erhältlich im Feinkosthandel)

1 Prise frisch geriebene Muskatnuss

1 Prise Cayennepfeffer

450 g gekochte Garnelen, ausgelöst

GARNIERUNG

frische Petersilie

Zitronenscheiben

gebuttertes Brot, zum Servieren

1 175 g Butter mit den Muskatblüten, Muskat und Cayennepfeffer in einer Pfanne bei kleinster Hitze unter gelegentlichem Rühren zerlassen.

2 Die Garnelen dazugeben und unter ständigem Rühren 2 Minuten erhitzen. Die Mischung darf auf keinen Fall kochen.

3 Die Pfanne vom Herd nehmen und die Muskatblüten entfernen. Die Mischung in eine Servierschale füllen und die Oberfläche glatt streichen. Abdecken und nach dem Auskühlen im Kühlschrank fest werden lassen. (Traditionell wird dieses englische Gericht als Vorspeise in Portionsförmchen serviert. Dafür die Garnelenmischung auf 8 Förmchen verteilen.)

4 Wenn die Buttergarnelen fest sind, die restliche Butter in einer kleinen Pfanne bei geringer Hitze zerlassen. Den Schaum an der Oberfläche abschöpfen, das klare Butterfett vorsichtig in eine Schüssel gießen, dabei darauf achten, dass das Milcheiweiß in der Pfanne zurückbleibt. Die Buttergarnelen mit einer dünnen Schicht geklärter Butter bedecken. Dann abdecken und im Kühlschrank fest werden lassen.

5 Die Buttergarnelen mit Petersilie und Zitronenscheiben garnieren und mit gebuttertem Roggen- oder Vollkornbrot servieren.

Garnelentaschen mit süßer Sojasauce

Ergibt 16 Stück

DIP

1 frische kleine rote Chili

1 TL Honig

4 EL Sojasauce

TASCHEN

2 EL frische Korianderblätter

1 Knoblauchzehe

1½ TL thailändische rote Currypaste

16 Wantan-Hüllen

1 Eiweiß, leicht verquirlt

16 Königsgarnelen, geschält

Sonnenblumenöl, zum Frittieren

1 Für den Dip die Chilischote fein hacken, mit dem Honig und der Sojasauce in einer kleinen Schüssel verrühren. Dann beiseite stellen. Für die

Garnelen-Taschen Koriander und Knoblauch fein hacken, mit der Currypaste verrühren.

2 Die Wantan-Hüllen mit etwas Eiweiß bestreichen.

3 Jede bestrichene Wantan-Hülle vorsichtig mit 1 Teelöffel Koriandermischung bestreichen und eine geschälte Garnele darauf setzen.

4 Den Teig so falten, dass der Schwanz frei bleibt.

5 Das Öl auf 180 °C erhitzen (ein Brotwürfel sollte in 30 Sekunden darin bräunen). Die Garnelen portionsweise 1–2 Minuten goldbraun und knusprig frittieren. Auf Küchenpapier abtropfen lassen und mit Dip servieren.

VARIATION

Die Wantan-Hüllen können durch Frühlingsrollen-Teig ersetzt werden. Das Teigblatt in lange Streifen schneiden. Koriandermischung und je 1 Garnele auf ein Ende geben, das andere mit Eiweiß bestreichen. Umwickeln und frittieren.

Frühlingsröllchen mit Garnelen

Ergibt ca. 30 Stück

- 50 g getrocknete Reis-Vermicelli
- 1 Karotte, in feine Stifte geschnitten
- 50 g Zuckererbsenschoten, in feine Längsstreifen geschnitten
- 3 Frühlingszwiebeln, fein gehackt
- 100 g gekochte Garnelen, ausgelöst
- 2 Knoblauchzehen, zerdrückt
- 1 TL Sesamöl
- 2 EL helle Sojasauce
- 1 TL Chilisauce
- 200 g Filo-Teig, in 15 cm große Quadrate geschnitten
- 1 Eiweiß, verquirlt
- 625 ml Pflanzenöl, zum Frittieren
- dunkle Sojasauce, süße Chilisauce oder süß-saurer Chili-Dip (s. S. 150), zum Servieren

1 Die Reis-Vermicelli nach Packungsanweisung garen. Gut abtropfen lassen, grob zerkleinern und beiseite stellen. Leicht gesalzenes Wasser in einem Topf aufkochen. Karotten und Zuckererbsen 1 Minute blanchieren. Abtropfen lassen und unter kaltem Wasser abschrecken. Erneut abtropfen lassen, mit Küchenpapier trockentupfen und mit den Nudeln, Frühlingszwiebeln, Garnelen, Knoblauch, Sesamöl, Soja- und Chilisauce vermengen.

2 Die Teigquadrate zu Dreiecken falten und so auf die Arbeitsfläche legen, dass die Spitze nach oben zeigt. Je 1–2 Esslöffel Nudelmischung in die Mitte setzen. Die Längsseite des Dreiecks über die Füllung rollen, dabei die seitlichen Ecken einschlagen. Die Spitze des Dreiecks mit Eiweiß bestreichen und zum Schließen des Päckchens nach unten klappen. Auf diese Weise etwa 30 Frühlingsrollen herstellen.

3 Eine große Pfanne oder eine Fritteuse zu ⅓ mit Öl füllen und auf 180–190 °C erhitzen (ein Brotwürfel sollte in 30 Sekunden goldbraun frittiert sein). Die Frühlingsrollen portionsweise (4–5 Stück) 1–2 Minuten goldbraun und knusprig frittieren. Auf Küchenpapier abtropfen lassen und warm stellen, bis alle Frühlingsrollen frittiert sind.

4 Die Frühlingsrollen mit Sojasauce, süßer Chilisauce oder süß-saurem Chili-Dip servieren.

Sesamtoast mit Krabben und Huhn

Ergibt 72 Stück

- 4 Hähnchenkeulen ohne Haut und Knochen
- 100 g Krabbenfleisch, gegart
- 1 kleines Ei, verquirlt
- 3 Frühlingszwiebeln, fein gehackt
- 2 Knoblauchzehen, zerdrückt
- 2 EL frisch gehackter Koriander
- 1 EL Fischsauce
- ½ TL frisch gemahlener schwarzer Pfeffer
- ¼ TL Salz
- 12 Scheiben Weißbrot ohne Rinde
- 8 EL Sesamsaat
- Sonnenblumenöl, zum Braten
- Frühlingszwiebel-Streifen, zum Garnieren

1 Hähnchenfleisch und Krabben im Mixer fein pürieren. Ei, Frühlingszwiebeln, Knoblauch, Koriander, Fischsauce, Pfeffer und Salz zugeben und noch einige Sekunden durchmixen. In eine Schüssel geben.

2 Die Mischung gleichmäßig auf den Brotscheiben verteilen und bis an den Rand verstreichen. Den Sesam auf einen Teller streuen und die bestrichenen Seiten der Brotscheiben fest hineindrücken.

3 Jede Brotscheibe in 6 gleich große Rechtecke schneiden.

4 Eine große Pfanne 1 cm hoch mit Öl füllen und stark erhitzen. Das Brot portionsweise 2–3 Minuten goldbraun braten, dabei einmal wenden.

5 Den Sesamtoast auf Küchenpapier gut abtropfen lassen. Heiß servieren und mit dünnen Frühlingszwiebel-Streifen garnieren.

TIPP

Für eine Party kann man den Toast im Voraus zubereiten. In Frischhaltefolie eingewickelt lässt er sich im Kühlschrank 3 Tage aufbewahren, in Gefrierbeuteln im Tiefkühlfach 1 Monat. Über Nacht im Kühlschrank auftauen lassen, dann 5 Minuten im vorgeheizten Backofen erhitzen.

Tortilla-Ecken mit pikantem Garnelenbelag

Für 8–10 Personen

500 g gekochte Garnelen
4 Knoblauchzehen, zerdrückt
½ TL mildes Chilipulver
½ TL gemahlener Kreuzkümmel
Saft von 1 Limette
1 reife Tomate, gewürfelt
Salz
6 weiche Maismehl-Tortillas
Pflanzenöl, zum Frittieren
2 Avocados
200 g saure Sahne
mildes Chilipulver, zum Garnieren

1 Garnelen, Knoblauch, Chilipulver, Kreuzkümmel, Limettensaft und Tomatenwürfel in eine Schüssel geben, salzen und vorsichtig vermengen. Für mindestens 4 Stunden oder über Nacht im Kühlschrank marinieren.

2 Die Tortillas in kleine Dreiecke schneiden. Öl in einer beschichteten Pfanne erhitzen, eine Portion Tortilla-Ecken zugeben und bei mittlerer Hitze knusprig braten. Alles mit den restlichen Tortilla-Ecken wiederholen.

3 Avocados halbieren, Kerne entfernen, Fruchtfleisch von der Schale lösen, in kleine Würfel schneiden und mit der Garnelenmischung vermengen.

4 Die Tortillas auf einem Servierteller anrichten und je 1 Teelöffel Garnelen-Avocado-Mischung darauf geben. Einen Klacks saure Sahne zugeben, mit etwas mildem Chilipulver bestreuen und sofort servieren.

TIPP

Wenn es einmal schnell gehen soll, können auch Tostadas oder leicht gesalzene Tortilla-Chips verwendet werden.

VARIATION

Die Garnelen durch gewürfelten Mozzarella oder frischen milden Pecorino ersetzen.

Fischküchlein mit Petersilie

Für 4 Personen

450 g weiße Fischfilets, ohne Haut
1 Zwiebel, geviertelt
2 Eier
4 EL Semmelbrösel
1 EL frisch gehackte Petersilie
Salz und Pfeffer
Öl, zum Frittieren
süß-saurer Chili-Dip (s. S. 150), zum Servieren

1 Die Fischfilets in große Stücke schneiden und zusammen mit der Zwiebel in der Küchenmaschine grob pürieren. In eine Schüssel füllen.

2 Eier und Semmelbrösel zugeben und gut verrühren. Petersilie, Salz und Pfeffer untermischen.

3 Öl in einem Wok oder einer großen Pfanne auf 180–190 °C erhitzen (ein Brotwürfel sollte in 30 Sekunden goldbraun frittiert sein).

4 Die Fischmasse zu kleine Küchlein oder Kugeln formen. Vorsichtig in das heiße Fett gleiten lassen und goldbraun frittieren. Mit einem Schaumlöffel herausnehmen und auf Küchenpapier abtropfen lassen.

5 Die Fischküchlein auf einem Servierteller anrichten und entweder heiß oder zimmerwarm mit dem süßsauren Chili-Dip servieren.

Karibische Krebsküchlein

Ergibt 16 Stück

1 Kartoffel, in Stücke geschnitten
Salz und Pfeffer
4 Frühlingszwiebeln, gehackt
1 Knoblauchzehe, gehackt
1 EL frisch gehackter Thymian
1 EL frisch gehacktes Basilikum
1 EL frisch gehackter Koriander
225 g weißes Krebsfleisch aus der Dose, abgetropft
½ TL Dijon-Senf
½ frische grüne Chili, fein gehackt
1 Ei, leicht verquirlt
Weizenmehl, zum Bestäuben
Maiskeimöl, zum Frittieren
Limettenspalten, zum Garnieren
Dip oder Salsa nach Wahl, zum Servieren

1 Die Kartoffelstücke in einen kleinen Topf geben und mit reichlich Wasser bedecken. Eine Prise Salz hinzufügen und die Kartoffeln aufkochen. Die Hitze reduzieren und die Kartoffel bei geschlossenem Deckel 10–15 Minuten garen. Abtropfen lassen, in eine große Schüssel geben und mit einem Stampfer oder einer Gabel zu einem glatten Püree verarbeiten.

2 Unterdessen Frühlingszwiebeln, Knoblauch, Thymian, Basilikum und Koriander in einem Mörser zu einer glatten Kräuterpaste verarbeiten und mit dem Krebsfleisch, Senf, Chili, Ei und Pfeffer an das Kartoffelpüree geben. Gut vermengen und mit Frischhaltefolie abgedeckt 30 Minuten im Kühlschrank ruhen lassen.

3 Etwas Mehl auf einem Teller verteilen. Die Krebsfleischmischung esslöffelweise zwischen den Handflächen zu Kugeln formen und flach drücken. Im Mehl wenden und das überschüssige Mehl abschütteln. Das Öl in einer Pfanne stark erhitzen und die Küchlein portionsweise 2–3 Minuten goldbraun frittieren. Dann mit einem Schaumlöffel herausnehmen, auf Küchenpapier abtropfen und auskühlen lassen.

4 Auf einem Servierteller anrichten und mit Limettenspalten garnieren. Mit einem Dip oder einer Salsa nach Wahl servieren.

1

2

3

Knusprige Krebsfleisch-Wantans

Für 4 Personen

175 g weißes Krebsfleisch, zerkleinert
50 g Wasserkastanien aus der Dose, abgetropft, abgespült und gewürfelt
1 kleine frische rote Chili, gehackt
1 Frühlingszwiebel, in Ringen
1 EL Speisestärke
1 TL trockener Sherry
1 TL helle Sojasauce
½ EL Limettensaft
24 Wantan-Hüllen
Pflanzenöl, zum Frittieren
Limettenscheiben, zum Garnieren

1 Für die Füllung Krebsfleisch, Wasserkastanien, Chili, Frühlingszwiebeln, Speisestärke, Sherry, Sojasauce und Limettensaft mischen.

2 Die Wantan-Hüllen auf einem Küchenbrett ausbreiten und 1 EL Füllung in die Mitte jeder Hülle geben.

3 Die Ränder der Wantan-Hüllen mit etwas Wasser befeuchten und in der Mitte zusammenfalten, sodass sie Dreiecke bilden. Die spitzen Enden zur Mitte hin einschlagen, mit etwas Wasser befeuchten und mit den Fingerspitzen leicht zusammendrücken.

4 Das Öl zum Frittieren auf 190 °C erhitzen (ein Brotwürfel sollte in 30 Sekunden braun werden). Die Wantans portionsweise 2–3 Minuten goldbraun und knusprig frittieren. Die fertigen Wantans vorsichtig aus dem Öl herausheben und auf Küchenpapier abtropfen lassen.

5 Die Wantans mit Limettenscheiben garnieren und heiß servieren.

1

3

4

TIPP

Die Wantan-Hüllen vorsichtig behandeln, weil sie leicht zerreißen. Achten Sie vor dem Frittieren darauf, dass die Hüllen gut verschlossen sind, damit sie nicht aufgehen und die Füllung verlieren.

Muscheln im würzigen Teigmantel

Für 4 Personen

40 große frische Miesmuscheln
2 EL Mehl
2 EL Reismehl
½ TL Salz
1 EL Kokosraspel
1 Eiweiß
1 EL Reiswein
2 EL Wasser
1 kleine rote Chili, gehackt
1 EL frisch gehackter Koriander
Sonnenblumenöl, zum Frittieren
Limettenspalten, zum Servieren

1 Die Muscheln waschen. Alle offenen Muscheln, die sich auch bei leichtem Klopfen nicht schließen, aussortieren. Kalt abspülen und in einen Topf geben. Abdecken. Die Muscheln unter gelegentlichem Rütteln des Topfes 2–3 Minuten dämpfen, bis sich die Schalen öffnen. Die Muscheln abgießen und aus den Schalen lösen. Alle noch geschlossenen Muscheln wegwerfen.

2 Für den Teig Mehl, Reismehl und Salz in eine Schüssel geben. Kokosraspel, Eiweiß, Reiswein und Wasser zugeben und alles zu einem glatten Teig verrühren. Chili und Koriander einrühren.

TIPP

Bewahren Sie die Muschelschalen auf, um das Fleisch darin appetitlich zu servieren.

3 Einen großen Topf 5 cm hoch mit Öl füllen und auf 180 °C erhitzen (ein Brotwürfel sollte in 30 Sekunden braun werden). Die Muscheln auf eine Gabel spießen, in den Teig tauchen und ins heiße Öl geben. 1–2 Minuten knusprig und goldbraun frittieren.

4 Die Muscheln auf Küchenpapier abtropfen lassen und heiß mit Limettenspalten servieren.

1

2

3

Calamari fritti

Für 4 Personen

100 g Weizenmehl Type 405
1 TL Salz
2 Eier
175 ml Mineralwasser
450 g Tintenfische
625 ml Pflanzenöl, zum Ausbacken

GARNIERUNG
Zitronenspalten
frische Petersilie

TIPP

Bitten Sie Ihren Fischhändler, den Tintenfisch für Sie auszunehmen und zu säubern. Tintenfischringe sind teils auch küchenfertig im Feinkosthandel erhältlich.

1 Mehl und Salz in eine Schüssel sieben. Mit den Eiern und der Hälfte des Mineralwassers verrühren. Nach und nach das restliche Mineralwasser unterrühren, bis ein glatter Teig entstanden ist.

2 Zum Säubern des Tintenfischs den Körper festhalten, die Tentakel greifen und samt den Innereien herausziehen. Das transparente Fischbein ebenfalls entfernen. Die Flossen abschneiden und die Außenhaut abziehen. Die Tentakel unterhalb der Schnabelöffnung abschneiden.

3 Den Tintenfischmantel und die Tentakel unter fließend kaltem Wasser waschen. Den Mantel in 1 cm breite Ringe schneiden. Auf Küchenpapier gut abtropfen.

4 Unterdessen eine Fritteuse oder eine große Pfanne zu einem Drittel mit Öl füllen und auf 180–190 °C erhitzen (ein Brotwürfel sollte in 30 Sekunden goldbraun frittiert sein).

5 Tintenfischringe und Tentakel portionsweise in den Teig tauchen und 1–2 Minuten im heißen Fett goldgelb ausbacken. Auf Küchenpapier abtropfen und warm halten, bis alle Ringe und Tentakel ausgebacken sind. Auf einem Servierteller anrichten, mit Zitronenspalten und Petersilie garnieren und sofort servieren.

1

3

5

Thailändische Fischküchlein

Ergibt 16 Stück

450 g Weißfischfilet wie Seehecht, Schellfisch oder Dorsch, gehäutet und gehackt
1 EL thailändische Fischsauce
1 EL rote Currypaste
1 Kaffir-Limettenblatt, klein geschnitten
2 EL frisch gehackter Koriander
1 Ei
1 TL brauner Zucker
1 Prise Salz
50 g grüne Bohnen, diagonal in dünne Scheiben geschnitten
Öl, zum Ausbacken

SÜSS-SAURER CHILI-DIP
4 EL Zucker
1 EL kaltes Wasser
3 EL weißer Reisessig
2 kleine scharfe Chillies, gehackt
1 EL Fischsauce
Chiliblüten und Frühlingszwiebel-Quasten, zum Garnieren

1 Fischfilets, Fischsauce, Currypaste, Limettenblatt, Koriander, Ei, Zucker und Salz im Mixer gründlich glatt rühren. In eine Schüssel geben und die grünen Bohnen einrühren. Beiseite stellen.

1

2 Für den Dip Zucker, Wasser und Reisessig in einem kleinen Topf langsam erhitzen, bis der Zucker aufgelöst ist. Aufkochen und 2 Minuten köcheln lassen. Vom Herd nehmen, Chillies und Fischsauce einrühren und zum Abkühlen beiseite stellen.

2

3 Eine Pfanne mit reichlich Öl erhitzen. Die Fischmischung in 16 kleine Kugeln aufteilen. Die Kugeln leicht flach drücken und 1–2 Minuten von jeder Seite im heißen Öl goldgelb ausbacken. Auf Küchenpapier abtropfen lassen. Mit Chiliblüten und Frühlingszwiebel-Quasten garnieren und heiß mit dem Dip servieren.

3

TIPP

Für dieses Rezept brauchen Sie keine besonders kostspieligen Filetteile zu verwenden, da die anderen Geschmacksnoten kräftig genug aromatisieren.

Reisbällchen

Für 4 Personen

175 g gekochter Reis

175 g weißes Krebsfleisch, zerkleinert

3 Frühlingszwiebeln, fein gehackt

2 EL Mayonnaise

125 g geriebener Käse, z. B. Gruyère oder Mozzarella

1 Prise Cayennepfeffer

1 EL frisch gehackte Petersilie

2 Eier

Öl, zum Frittieren

2 EL Weizenmehl

Paniermehl

1 Reis, Krebsfleisch, Frühlingszwiebeln, Mayonnaise, Käse, Cayennepfeffer, Petersilie und 1 Ei in einer großen Schüssel mischen. Mit Frischhaltefolie abgedeckt 2 Stunden oder vorzugsweise über Nacht im Kühlschrank ruhen lassen.

2 Mit angefeuchteten Händen je 1–2 Esslöffel Reismischung zu Kugeln formen. Abgedeckt 30 Minuten kalt stellen.

3 Öl in einem Wok oder einer Pfanne stark erhitzen (ein Brotwürfel sollte in 30 Sekunden bräunen).

4 Unterdessen das zweite Ei in einem tiefen Teller verquirlen. Mehl und Paniermehl auf zwei separate Teller geben. Die Reiskugeln erst im Mehl, dann im Ei wenden. Überschüssiges Ei abschütteln.

5 Die Reiskugeln im Paniermehl rollen. Leicht andrücken und überschüssiges Paniermehl abschütteln. Im heißen Fett 5 Minuten goldbraun und knusprig frittieren. Gut abtropfen lassen. Anschließend warm oder kalt servieren.

1

1

5

Hering nach Hausmacherart

Für 4 Personen

4 Rollmöpse mit Zwiebeln

2 hart gekochte Eier

1 Apfel

1 EL feine Semmelbrösel

1

2

3

1 Heringe häuten, in Stücke schneiden und in eine Schüssel geben.

2 Zwiebeln würfeln. Eier pellen und klein hacken. Den Apfel schälen, das Kerngehäuse entfernen und fein würfeln. Alles in die Schüssel geben.

3 Semmelbrösel dazugeben und alles gut vermengen. In eine Servierschüssel füllen. Wenn die Heringe nicht sofort serviert werden, abgedeckt kalt stellen. 10 Minuten vor dem Servieren herausnehmen.

TIPP

Hervorragend passt dazu in dünne Scheiben geschnittenes Roggenbrot oder Pumpernickel.

Engelchen und Teufelchen

Ergibt 32 Stück

TEUFELCHEN

8 Scheiben Frühstücksspeck

8 eingelegte Sardellenfilets, abgetropft

16 blanchierte Mandeln

16 Backpflaumen

ENGELCHEN

8 Scheiben Frühstücksspeck

16 geräucherte Austern

1 Den Backofen auf 200 °C vorheizen. Für die Teufelchen die Speckscheiben der Länge nach halbieren und zum Strecken zwischen einem Messerrücken und einem Schneidebrett durchziehen. Die Sardellenfilets der Länge nach halbieren. Die Mandeln mit den Sardellenfilets umwickeln und in die Backpflaumen stecken. 1 Streifen Frühstücksspeck darumwickeln und mit einem Holzstäbchen feststecken.

2 Für die Engelchen die Speckscheiben der Länge nach halbieren und unter einem Messerrücken strecken. Die Austern mit einem Streifen Frühstücksspeck umwickeln und mit einem Holzstäbchen feststecken.

3 Engelchen und Teufelchen auf ein Backblech setzen und im Ofen 10–15 Minuten knusprig backen. Sofort servieren.

Meeresfrüchte-Spieße mit scharfer Salsa

Ergibt 8 Spieße

2 TL frisch geriebener Ingwer
2 Knoblauchzehen, fein gehackt
2 frische grüne Chillies, fein gehackt
2 EL Erdnuss- oder Maiskeimöl
1,5 kg Seeteufel, in 24 Stücke geschnitten
8 rohe Riesengarnelen, ausgelöst, Schwanzsegmente intakt
Salz und Pfeffer
SALSA
2 Tomaten
4 frische rote Chillies
4 frische grüne Jalapeño-Chillies, fein gehackt
2 EL frisch gehackter Koriander
2 EL Olivenöl
1 EL Rotweinessig
Salz

1 Ingwer, Knoblauch, Chillies und Öl in einer großen Schüssel mischen. Fischwürfel und Garnelen hineingeben und gut vermengen. Mit Frischhaltefolie abgedeckt 1 Stunde im Kühlschrank marinieren.

2 Unterdessen für die Salsa die Tomaten kreuzförmig einschneiden, in eine feuerfeste Schüssel geben, mit kochendem Wasser übergießen und 30 Sekunden ziehen lassen. Abtropfen lassen und rasch häuten.

3 Den Backofengrill vorheizen. Die roten Chillies auf ein Backblech legen und unter häufigem Wenden rösten, bis die Haut Blasen wirft und schwarz wird. In einen Gefrierbeutel geben und verschließen.

4 Die Jalapeño-Chillies in eine Schüssel geben. Die Tomaten entkernen, das Fruchtfleisch würfeln und in die Schüssel geben. Die roten Chillies aus dem Gefrierbeutel nehmen, häuten, halbieren und entkernen. Das Fruchtfleisch fein hacken und mit dem Koriander in die Schüssel geben. Olivenöl und Essig in einer kleinen Schale verrühren. Mit Salz abschmecken und über die Salsa gießen. Mit Frischhaltefolie abgedeckt bis zum Servieren im Kühlschrank aufbewahren.

5 Backofengrill vorheizen. Fischwürfel und Garnelen abwechselnd auf 8 Spieße stecken. Unter häufigem Wenden 6–8 Minuten grillen, bis die Spieße gar sind. Auf einem Servierteller anrichten, mit Salz und Pfeffer würzen und mit der Salsa servieren.

Gemüse

Gemüse bietet aufgrund seiner Vielfalt viele kreative Möglichkeiten. Chicoréeblätter und Selleriestangen haben die perfekte Form, um Kräuterfrischkäse zu servieren (s. S. 176), Paprikaringe sind der perfekte und bunte Rahmen für eine herrliche Räucherlachscreme (s. S. 186), während Champignons sich über eine Spinat-Feta-Füllung freuen (s. S. 188). Knackiges Gemüse in einer knusprigen Hülle ist ein unvergleichlicher Genuss, zum Beispiel Frittiertes Gemüse (s. S. 194), Tofu-Tempura (s. S. 202) oder Champignonhäppchen mit Aïoli (s. S. 190). Einige der in diesem Kapitel vorgeschlagenen Gerichte eignen sich sogar für eine Hauptmahlzeit, andere, wie Chinesische Pommes frites (s. S. 207) oder die Chili-Polenta-Rauten (s. S. 172), sind köstliche kleine Häppchen für gesellige Runden.

Eingelegte Oliven

Ergibt je 1 Glas

PROVENZALISCHE OLIVEN
3 getrocknete rote Chillies
1 TL schwarze Pfefferkörner
300 g schwarze Oliven
in Salzlake
2 Zitronenscheiben
1 TL schwarze Senfkörner
1 EL Knoblauch-Olivenöl
natives Olivenöl extra

KATALANISCHE OLIVEN
½ rote oder orangefarbene Paprika,
gegrillt
150 g schwarze Oliven in Salzlake
150 g grüne, mit Paprika
gefüllte Oliven
1 EL eingelegte Kapern,
abgetropft
1 Prise Chilipulver
4 EL frisch gehackter Koriander
1 Lorbeerblatt
1 Schalotte, sehr fein gehackt
1 EL Fenchelsamen,
leicht zerdrückt
1 TL getrockneter Dill
natives Olivenöl extra

Ergibt 1 Glas

GRIECHISCHE OLIVEN
½ große Zitrone
300 g Kalamata- oder andere
schwarze Oliven
4 frische Thymianzweige
natives Olivenöl extra

1 Für die provenzalischen Oliven Chillies und Pfefferkörner in einem Mörser grob zerstoßen. Die Oliven abgießen, abspülen und mit Küchenpapier trockentupfen. Alle Zutaten in ein Einmachglas (500 ml) füllen und mit Olivenöl übergießen, bis die Oliven gut bedeckt sind.

2 Das Glas verschließen und mindestens 10 Tage stehen lassen, täglich schütteln.

3 Für die katalanischen Oliven die Paprika fein hacken. Oliven abgießen, abspülen und mit Küchenpapier trockentupfen. Alle Zutaten in ein Einmachglas (500 ml) geben und mit Olivenöl übergießen, bis die Oliven bedeckt sind. Wie in Schritt 2 marinieren.

4 Für die griechischen Oliven die Zitrone in 4 Scheiben, dann jede Scheibe in Spalten schneiden. Die Oliven abgießen, abspülen und mit Küchenpapier trockentupfen. Jede Olive längs bis zum Stein einschneiden.

5 Alle Zutaten in ein Einmachglas (500 ml) geben und mit Olivenöl übergießen, bis die Oliven bedeckt sind. Wie in Schritt 2 marinieren.

Gemüse-Pickles marokkanischer Art

Für 12 Personen

225 g kleine Radieschen
225 g Baby-Karotten
8 Selleriestangen
1 Gurke
Salz und Pfeffer
125 g feinster Zucker
125 ml Zitronensaft
2 EL rote Pfefferkörner
1 Bund Koriander, fein gehackt

1 Radieschen und Karotten in eine große Schüssel geben. Sellerie in 5 cm lange Stücke schneiden und in die Schüssel geben. Die Gurke der Länge nach halbieren und entkernen, in dicke Scheiben schneiden und in die Schüssel geben. Das Gemüse kräftig salzen. Mit Frischhaltefolie abgedeckt 3–4 Stunden ziehen lassen.

2 Das Gemüse in ein Sieb geben und gründlich unter fließend kaltem Wasser abbrausen. Gut abtropfen lassen und mit Küchenpapier trockentupfen, in eine Schüssel geben.

3 Zucker, Zitronensaft und Pfefferkörner in einer anderen Schüssel verrühren, bis sich der Zucker ganz aufgelöst hat. Mit Pfeffer abschmecken.

4 Die Sauce über das Gemüse gießen und gut durchmischen. Mit Frischhaltefolie abgedeckt 8 Stunden oder über Nacht kalt stellen.

5 Kurz vor dem Servieren den gehackten Koriander untermischen und die Mischung in eine Servierschüssel füllen. Gekühlt servieren. Zum Aufspießen der Gemüsestücke Holzstäbchen daneben legen.

Falafel

Für 4 Personen

225 g getrocknete Kichererbsen
1 große Zwiebel, fein gehackt
1 Knoblauchzehe, zerdrückt
2 EL frisch gehackte Petersilie
2 TL gemahlener Kreuzkümmel
2 TL gemahlener Koriander
Cayennepfeffer
½ TL Backpulver
Salz
Öl, zum Frittieren
ZUM SERVIEREN
Hummus (s. S. 12)
Auberginenmus mit Sesam (s. S. 29)
Tomatenspalten
Pita-Brot

1 Die Kichererbsen in einem großen Gefäß mit Wasser bedecken und über Nacht einweichen. Abtropfen lassen, in einen Topf geben, mit frischem Wasser bedecken und aufkochen. Die Hitze reduzieren und 1 Stunde köcheln. Abtropfen lassen.

2 Die Kichererbsen in der Küchenmaschine zu einem groben Püree verarbeiten. Zwiebel, Knoblauch, Petersilie, Kreuzkümmel, Koriander, etwas Cayennepfeffer und Backpulver dazugeben. Salzen und gut pürieren.

3 Abdecken und 30 Minuten ruhen lassen. Die Kichererbsenmasse zu 8 Kugeln formen und weitere 30 Minuten ruhen lassen. Das Öl in einem Wok oder einer Pfanne stark erhitzen. Die Kugeln in das heiße Fett geben und goldbraun frittieren. Mit einem Schaumlöffel herausnehmen und auf Küchenpapier abtropfen lassen.

4 Auf einem Servierteller anrichten. Heiß oder zimmerwarm mit Hummus, Auberginenmus, Tomatenspalten und Pita-Brot servieren.

1

2

3

Vegetarische Frühlingsrollen

Für 4 Personen

25 g dünne Glasnudeln
2 EL Erdnussöl
2 Knoblauchzehen, zerdrückt
½ TL frisch geriebener Ingwer
50 g Austernpilze, in dünne Streifen geschnitten
2 Frühlingszwiebeln, gehackt
50 g Bohnensprossen
1 kleine Karotte, in feine Streifen geschnitten
½ TL Sesamöl
1 EL helle Sojasauce
1 EL Reiswein
¼ TL Pfeffer
1 EL frisch gehackter Koriander
1 EL frisch gehackte Minze
24 Blätter Frühlingsrollen-Teig
½ TL Speisestärke
Erdnussöl, zum Frittieren
frische Minze, zum Garnieren
süße Sojasauce (s. S. 138), zum Servieren

1 Nudeln in einer Schüssel mit kochendem Wasser übergießen und 4 Minuten quellen lassen. Abgießen, kalt abschrecken und abtropfen lassen. Die Nudeln in 5-cm-Stücke schneiden.

2 Das Erdnussöl in einem Wok oder einer Pfanne stark erhitzen. Knoblauch, Ingwer, Pilze, Frühlingszwiebeln, Bohnensprossen und Karotte zugeben und 1 Minute bissfest braten.

3 Sesamöl, Sojasauce, Reiswein, Pfeffer, Koriander und Minze sorgfältig einrühren, dann den Wok vom Herd nehmen. Die Glasnudeln vorsichtig unterheben.

4 Die Teigblätter diagonal auf der Arbeitsplatte auslegen. Die Speisestärke mit 1 Esslöffel Wasser verrühren und die Ränder jedes Teigblattes damit bestreichen. Etwas Füllung auf das vordere Drittel des Teigblattes geben.

5 Die freie Spitze des Teigblattes über die Füllung falten, dann die Seiten vorsichtig einschlagen. Anschließend den Teig aufrollen, die Spitze mit der restlichen angerührten Speisestärke bestreichen und die Rolle mit der Spitze verschließen.

6 Das Öl in einem Wok oder einer Fritteuse auf 180 °C erhitzen (ein Brotwürfel sollte in 30 Sekunden braun werden). Die Frühlingsrollen portionsweise 2–3 Minuten goldbraun frittieren. Mit frischer Minze garnieren und mit süßer Sojasauce servieren.

1

4

5

Auberginen mit Satay-Sauce

Für 4 Personen

2 Auberginen, in 2,5-cm-Würfel geschnitten
175 g kleine Champignons

MARINADE

1 TL Kreuzkümmelsamen
1 TL Koriandersamen
2,5-cm-Stück Ingwer, gerieben
2 Knoblauchzehen, leicht zerdrückt
½ Zitronengrasstängel, grob gehackt
4 EL helle Sojasauce
8 EL Sonnenblumenöl
2 EL Zitronensaft

SATAY-SAUCE

½ TL Kreuzkümmelsamen
½ TL Koriandersamen
3 Knoblauchzehen
1 kleine Zwiebel, püriert oder sehr fein gewürfelt
1 EL Zitronensaft
1 TL Salz
½ rote Chili, in Ringe geschnitten
125 ml Kokosmilch
250 g Erdnussbutter mit Stückchen
250 ml Wasser

1 Die Auberginen und Champignons auf 8 Metall- oder eingeweichte Holzspieße stecken.

2 Für die Marinade Kreuzkümmel, Koriander, Ingwer, Knoblauch und Zitronengras zerstoßen. Dann kurz scharf anbraten, bis sich die Aromen entfalten. Vom Herd nehmen und die restlichen Marinade-Zutaten zugeben. Die Spieße mit der Marinade beträufeln und 2–8 Stunden marinieren.

3 Für die Sauce Kreuzkümmel und Koriander mit dem Knoblauch zerstoßen. Alle Zutaten bis auf das Wasser untermengen und in einen Topf geben. Dann das Wasser einrühren und die Sauce so lange kochen lassen, bis sie eingedickt ist.

4 Die Spieße unter einem vorgeheizten Grill 15–20 Minuten garen. Häufig mit der Marinade bestreichen, einmal wenden und mit der Satay-Sauce servieren.

2

2

3

Dim-Sum mit Gemüse

Für 4 Personen

2 Frühlingszwiebeln, gehackt
25 g Prinzessbohnen, gehackt
½ kleine Karotte, fein gewürfelt
1 frische rote Chili, gehackt
25 g Bohnensprossen, gehackt
25 g junge Champignons, gehackt
25 g Cashewkerne, gehackt
1 kleines Ei, verquirlt
2 EL Speisestärke
1 TL helle Sojasauce
1 TL Hoisin-Sauce
1 TL Sesamöl
32 Dim-Sum- oder Wantan-Blätter
Öl, zum Frittieren
1 EL Sesamsaat
Soja- oder Pflaumensauce, zum Servieren

TIPP

Eine bekömmlichere Garmethode besteht darin, die Dim-Sums 5–7 Minuten in einem Dampfdrucktopf zu garen.

1 Das Gemüse in einer Schüssel mischen. Nüsse, Ei, Speisestärke, Soja- und Hoisin-Sauce sowie Sesamöl zufügen und gut mit dem Gemüse vermengen.

1

2

2

2 Die Dim-Sum-Blätter auf der Arbeitsfläche ausbreiten und etwas von der Mischung in die Mitte eines jeden Teigblatts geben. Die Ränder über der Füllung zu kleinen Päckchen zusammenfalten, aber nicht verschließen.

3 Das Frittieröl auf etwa 180 °C erhitzen (ein Brotwürfel sollte darin in 30 Sekunden braun werden). Darin die Dim-Sums portionsweise 1–2 Minuten goldbraun frittieren. Auf Küchenpapier abtropfen lassen und warm halten, bis die restlichen Dim-Sums fertig sind.

4 Die fertigen Dim-Sums mit Sesam bestreuen und mit Soja- oder Pflaumensauce als Dip servieren.

Käse-Bohnen-Quesadillas

Für 4–6 Personen

8 Weizenmehl-Tortillas
400 g Bohnenmus aus der Dose
Öl, zum Einfetten
200 g Cheddar oder Gouda, gerieben
1 Zwiebel, gehackt
½ Bund frischer Koriander, gehackt, plus etwas mehr zum Garnieren
1 Portion scharfe Salsa (s. S. 156)

1 Die Tortillas kurz in einer leicht eingefetteten beschichteten Pfanne erwärmen, damit sie leichter zu verarbeiten sind.

2 Die warmen Tortillas mit erwärmtem Bohnenmus bestreichen und mit Käse, Zwiebel und Koriander belegen. Dann 1 Essöffel Salsa auf jede Tortilla geben und sie fest zusammenrollen.

3 Kurz vor dem Servieren eine beschichtete Pfanne auf mittlere Hitze erwärmen. Mit einigen Tropfen Wasser beträufeln und die Tortillarollen in die Pfanne legen. Abgedeckt erhitzen, bis der Käse schmilzt und der Teig leicht anbräunt.

4 Jede Tortilla-Rolle schräg in 4 Stücke schneiden und die Tortillas anschließend sofort servieren.

TIPP

Wenn Sie die Tortillas in der Mikrowelle erwärmen möchten, dürfen sie nur kurz garen, damit der Teig nicht hart wird.

2

3

4

VARIATION

Belegen Sie die Tortillas statt mit Bohnenmus mit kurz gedämpften Brokkoliröschen oder sautierten, in Scheiben geschnittenen Pilzen, wenn Sie eine leichtere Füllung bevorzugen. Statt Bohnenmus eignen sich auch gegarte schwarze Bohnen mit Chipotle-Salsa (s. S. 33); so ergibt sich ein etwas milderes Aroma.

Maisfladen

Für 6 Personen

325 g Mais aus der Dose, abgetropft
1 Zwiebel, fein gehackt
1 TL Currypulver
1 Knoblauchzehe, zerdrückt
1 TL gemahlener Koriander
2 Frühlingszwiebeln, in Ringen
3 EL Mehl
½ TL Backpulver
1 großes Ei
Salz
4 EL Maiskeimöl
1 Frühlingszwiebel, in Ringe geschnitten, zum Garnieren

VARIATION

Statt des Currypulvers kann auch die Würzmischung Garam Masala verwendet werden. Etwas frisch geriebener Ingwer verleiht dem Gericht noch mehr Aroma.

1 Mais in einer Schüssel leicht mit der Gabel zerdrücken. Zwiebel, Currypulver, Knoblauch, Koriander, Frühlingszwiebeln, Mehl, Backpulver und Ei zugeben. Gut verrühren und nach Geschmack salzen.

1

2 Maiskeimöl in einer Pfanne erhitzen. Die Mischung esslöffelweise so hineingeben, dass die entstehenden Fladen nicht ineinander laufen.

2

3 Die Maisfladen 4–5 Minuten goldbraun braten, dabei jeden Fladen einmal wenden. Nicht zu früh wenden, damit die Fladen nicht in der Pfanne brechen.

3

4 Die Fladen mit dem Pfannenwender herausnehmen und auf Küchenpapier abtropfen lassen. Sofort mit Frühlingszwiebeln garniert servieren.

Chili-Polenta-Rauten

Für 4 Personen

Salz und Pfeffer

350 g Polenta

2 TL Chilipulver

1 EL Olivenöl oder zerlassene Butter

PETERSILIEN-DIP

150 g saure Sahne

1 EL frisch gehackte Petersilie

TIPP

Instant-Polenta ist in gut sortierten Supermärkten oder Naturkostläden erhältlich und sehr rasch zubereitet. Die angerührte Polentamasse kann man bis zu 1 Woche im Kühlschrank aufbewahren.

1 1,5 l Wasser in einem Topf aufkochen. Das Salz zufügen, die Polenta gleichmäßig einstreuen und sorgfältig unterrühren.

2 Die Hitze reduzieren und die Polenta etwa 5 Minuten weiterrühren. Sie ist fertig, wenn sie so fest geworden ist, dass der Kochlöffel aufrecht darin stehen bleibt.

3 Chilipulver zufügen und gut unterrühren. Dann die Polenta mit etwas Salz und Pfeffer abschmecken.

4 Die Polenta ca. 4 cm dick auf eine Arbeitsfläche oder ein Küchenbrett streichen und auskühlen lassen.

5 Die abgekühlte Polenta in schmale Rauten schneiden.

6 Das Öl in einer Pfanne erhitzen und die Polentarauten darin von jeder Seite 3–4 Minuten goldbraun und knusprig frittieren. Auf Küchenpapier abtropfen lassen. Alternativ die Rauten mit zerlassener Butter bestreichen und 6–7 Minuten unter einem vorgeheizten Grill rösten.

7 Die saure Sahne und die Petersilie in einer Schüssel mischen.

8 Die fertigen Polentastreifen mit dem Petersilien-Dip servieren.

1

2

4

Knabbermischung

Für 4 Personen

2 EL Öl
60 g Popcornmais
60 g Butter
1 Knoblauchzehe, zerdrückt
60 g ungeschälte Mandeln
60 g ungesalzene Cashewkerne
60 g ungesalzene Erdnusskerne
1 TL Worcestersauce
1 TL Currypulver oder -paste
¼ TL Chilipulver
60 g Rosinen
Salz

VARIATION

Variieren Sie die Knabbermischung mit verschiedenen Nüssen nach Ihrem persönlichen Geschmack. Nur gesalzene Nüsse sollten vermieden werden. Weniger scharf wird es ohne Curry und Chilipulver, dafür mit 1 TL Kreuzkümmelsamen, 1 TL gemahlenem Koriander und ½ TL Paprikapulver.

1 Das Öl in einem Topf erhitzen. Die Maiskörner darin rundum mit Öl überziehen, abdecken und bei starker Hitze 3–5 Minuten platzen lassen. Den geschlossenen Topf dabei öfters rütteln, bis das Ploppen aufhört.

2 Das Popcorn in eine Schale füllen. Körner, die noch geschlossen geblieben sind, wegwerfen.

3 Butter in einer Pfanne zerlassen. Knoblauch, Mandeln, Cashew- und Erdnusskerne zugeben. Dann Worcestersauce, Currypulver oder -paste sowie Chilipulver untermischen und die Nüsse 2–3 Minuten bei mittlerer Hitze unter häufigem Rühren leicht anrösten.

4 Die Pfanne vom Herd nehmen und Rosinen und Popcorn untermischen. Alles salzen und nochmals durchmischen. In eine Schüssel geben und warm oder kalt servieren.

Chicorée- und Sellerie-Schiffchen

Ergibt ca. 30 Stück

450 g Doppelrahmfrischkäse
4 Frühlingszwiebeln, fein gehackt
4 EL gehackte getrocknete Tomaten
3 EL frisch gehackte Petersilie
1 EL frisch gehackter Schnittlauch
175 g grüne Oliven mit Paprika gefüllt, gehackt
1 EL Tabasco
2 Chicorée, Blätter abgezupft
12 Selleriestangen
rote Paprikastreifen, zum Garnieren

1 Den Frischkäse in einer Schüssel mit einem Holzlöffel glatt rühren.

2 Frühlingszwiebeln, Tomatenstückchen, Petersilie, Schnittlauch, Oliven und Tabasco unterrühren.

3 Die Frischkäsemischung auf die Chicoréeblätter und die Selleriestangen geben. Die Selleriestangen dafür in 10-cm-Stücke schneiden. Die Schiffchen auf einem Servierteller mit Paprikastreifen garniert servieren.

Mais-Käse-Bällchen

Für 4 Personen

50 g Butter

150 ml Wasser

60 g Weizenmehl, mit Salz und Pfeffer gewürzt

1 Ei, verquirlt

1 Prise Cayennepfeffer oder Chilipulver, nach Belieben

25 g geriebener Käse, z. B. Emmentaler, Gruyère oder Gouda

1 EL Gemüsemais aus der Dose, sautierte Zwiebeln, gebratene Pilze oder Schinkenwürfel

Öl, zum Frittieren

1 Für den Brandteig Butter und Wasser in einem Topf aufkochen. Das Mehl auf einmal hineingeben und rühren, bis sich die Masse vom Topfrand löst. Das Ei nach und nach unterrühren, bis ein glatter Teig entstanden ist.

2 Den Teig ggf. mit Cayennepfeffer oder Chilipulver würzen. Käse und Mais, Zwiebeln, Pilze oder Schinken unterrühren.

3 Öl in einem Wok oder einer Pfanne erhitzen. Esslöffelweise Teig in das heiße Fett gleiten lassen und goldbraun frittieren, bis die Bällchen aufgegangen sind. Herausnehmen und auf Küchenpapier abtropfen lassen. Auf einem Servierteller anrichten und sofort servieren.

1

2

3

Kleine Käsebällchen-Auswahl

Für 4 Personen

MIT BLAUSCHIMMELKÄSE

125 g Blauschimmelkäse, zerkrümelt

125 g saure Sahne

2 EL fein gehackte Frühlingszwiebeln oder frisch gehackter Schnittlauch

1 EL fein gehackter Sellerie

MIT FRISCHKÄSE

125 g geriebener Käse, z. B. Emmentaler oder Gouda

75 g Doppelrahmfrischkäse

3 EL trockener Sherry oder Martini

einige Tropfen Worcestersauce

2 EL fein gehackte Frühlingszwiebeln oder frisch gehackter Schnittlauch

1 EL fein gehackter Sellerie

MIT FETA

125 g Feta, zerkrümelt

125 g weiche Butter

½ TL Paprika

2 EL frisch gehackte Kräuter

GARNIERUNG

gehackte Nüsse, gehackter Schinken, gewürfelte rote oder grüne Paprika, fein gehackter Sellerie, fein gehackte Kräuter

1 Für die Blauschimmelbällchen den Käse in einer Schüssel zerdrücken und mit der sauren Sahne zu einer glatten Creme verrühren. Frühlingszwiebeln oder Schnittlauch und Sellerie unterrühren. Mit angefeuchteten Händen teelöffelgroße Portionen zu Kugeln rollen. Abgedeckt kalt stellen.

1

2 Für die Frischkäse-Bällchen den geriebenen Käse mit dem Frischkäse glatt rühren. Sherry oder Martini und Worcestersauce unterrühren. Frühlingszwiebeln oder Schnittlauch und Sellerie unterheben. Wie in Schritt 1 formen und kalt stellen.

2

3 Für die Feta-Bällchen Feta und Butter in einer Schüssel zu einer glatten Creme rühren. Paprika und Kräuter unterrühren. Wie in Schritt 1 formen und kalt stellen.

3

4 Die Käsebällchen entweder in gehackten Nüssen, gehacktem Schinken, klein gewürfelter Paprika oder gehackten Kräutern rollen.

Bunte Käsebällchen

Für 4 Personen

125 g Ricotta
125 g reifer Gouda, fein gerieben
2 TL frisch gehackte Petersilie
Pfeffer
60 g gemischte Nüsse, gehackt
3 EL frisch gehackte Kräuter, z. B. Petersilie, Schnittlauch, Majoran, Liebstöckel und Kerbel
2 EL mildes Paprikapulver
Kräuterzweige, zum Garnieren

1 Ricotta und Gouda mischen. Petersilie zugeben, mit Pfeffer würzen und gründlich verrühren.

2 Aus der Mischung kleine Bällchen formen und diese abgedeckt ca. 20 Minuten im Kühlschrank fest werden lassen.

3 Die gehackten Nüsse auf einem Backblech verteilen und unter dem vorgeheizten Grill leicht anbräunen. Vorsicht, sie brennen sehr schnell an! Abkühlen lassen.

4 Nüsse, Kräuter und Paprika in separate Schälchen geben. Die Käsebällchen in 3 gleich große Portionen aufteilen. Je 1 Portion in den Nüssen, in den Kräutern und im Paprikapulver wälzen.

5 Die fertigen Käsebällchen auf einer Servierplatte anrichten. Bis zum Servieren in den Kühlschrank stellen und dann mit den frischen Kräuterzweigen garnieren.

Frischkäse-Aprikosen-Häppchen

Ergibt 20 Stück

225 g Doppelrahmfrischkäse
6 EL Milch
125 g reifer Gouda, fein gerieben
Salz und Pfeffer
800 g Aprikosenhälften aus der Dose, abgetropft

GARNIERUNG
ca. 20 Walnusshälften
Paprika

1 Den Frischkäse in einer Schüssel mit einem Holzlöffel glatt rühren. Nach und nach Milch und geriebenen Käse unterrühren. Mit Salz und Pfeffer abschmecken.

2 Die Frischkäsecreme in einen Spritzbeutel mit 1 cm großer Sterntülle füllen und Rosetten auf die Aprikosenhälften spritzen.

3 Die Aprikosenhälften auf einem Servierteller anrichten, mit Walnusshälften garnieren und leicht mit Paprika bestreuen.

Gefüllte Weinblätter

Für 12 Personen

350 g Langkornreis
450 g Weinblätter, abgespült
2 Zwiebeln, fein gehackt
1 Bund Frühlingszwiebeln, fein gehackt
1 Bund Petersilie, fein gehackt
2 EL frisch gehackte Minze
1 EL Fenchelsamen
1 TL getrocknete Chili, zerdrückt
fein abgeriebene Schale von 2 Zitronen
250 ml Olivenöl
Salz
625 ml kochendes Wasser
Zitronenspalten, zum Garnieren
Tsatsiki (s. S. 15), zum Servieren

1 Einen Topf mit leicht gesalzenem Wasser aufkochen. Den Reis hineingeben und aufkochen. Die Hitze reduzieren und den Reis 15 Minuten gar köcheln lassen.

2 Unterdessen eingelegte Weinblätter in eine Schüssel geben, mit kochendem Wasser bedecken und 10 Minuten einweichen. Frische Weinblätter in einen Topf kochendes Wasser geben, die Hitze reduzieren und 10 Minuten köcheln lassen.

3 Den Reis abtropfen lassen und noch heiß mit Zwiebeln, Frühlingszwiebeln, Petersilie, Minze, Fenchelsamen, Chili, Zitronenschale und 3 EL Öl in einer großen Schüssel mischen. Mit Salz abschmecken.

4 Die Weinblätter gut abtropfen lassen. Ein Blatt mit der Unterseite nach oben auf einer Arbeitsfläche ausbreiten. 1 gehäuften Teelöffel Reis nahe dem Stielansatz auf das Blatt setzen. Das Blatt über die Reismischung falten, die Seiten einschlagen und aufrollen. Mit den anderen Weinblättern ebenso verfahren. Mit eventuell übrig gebliebenen Weinblättern den Servierteller garnieren.

5 Die gefüllten Weinblätter in einer Lage in eine große Pfanne legen (evtl. benötigen Sie zwei Pfannen). Das restliche Öl über die Weinblätter geben und das kochende Wasser darüber gießen. Mit einem Teller beschweren, um die Weinblätter unter Wasser zu halten. Mit geschlossenem Deckel 1 Stunde köcheln lassen.

6 Die Weinblätter im Topf auskühlen lassen. Mit einem Schaumlöffel auf einen Servierteller heben, mit Zitronenspalten garnieren und mit Tsatsiki servieren.

3

4

Gefüllte Pilze

Für 4 Personen

450 g weiße Champignons
3 Knoblauchzehen
2 EL gewürfelte Zwiebeln
175 g Butter
75 g frische Semmelbrösel
1 TL frisch gehackte Petersilie, plus etwas mehr zum Garnieren
1 EL geriebener Parmesan

1 Den Backofen auf 180 °C vorheizen.

2 Die Stiele aus den Champignons herausdrehen und fein hacken. Zwei Knoblauchzehen fein hacken und mit den Zwiebelwürfeln und Champignonstielen mischen.

3 Die Hälfte der Butter in einer Pfanne zerlassen. Die Pilzmischung bei mittlerer Hitze 3 Minuten andünsten. Semmelbrösel, Petersilie und Parmesan mischen und unter die Pilzmischung rühren. Die Champignons mit der Pilzmischung füllen.

4 Die restliche Butter in einem Topf zerlassen. Die dritte Knoblauchzehe zerdrücken und 2 Minuten darin schwenken. Die Hälfte der Knoblauchbutter in eine flache Auflaufform gießen.

5 Die gefüllten Champignons hineinsetzen und mit der restlichen Knoblauchbutter beträufeln. Im Ofen 20 Minuten backen. Mit Petersilie garniert sofort servieren.

2

3

5

Gefüllte Tomaten

Für 4 Personen

2 EL Butter, zerlassen
2 EL Pinienkerne
8 Wasserkastanien, in Scheiben
100 g Langkornreis
250 ml Hühnerbrühe
4 große oder 8 kleine Tomaten
frischer Schnittlauch, zum Garnieren

1 Die Butter in einem Topf bei mittlerer Hitze zerlassen. Pinienkerne, Wasserkastanien und den Reis darin schwenken.

2 Mit der Brühe ablöschen und 20 Minuten köcheln lassen, bis die Brühe aufgesogen und der Reis gar ist. Auskühlen lassen.

3 Einen kleinen Deckel von den Tomaten abschneiden und die Früchte mit einem Teelöffel entkernen. Mit der Reismischung füllen und mit Schnittlauch garniert servieren.

1

2

3

Gefüllte Paprika

Für 4 Personen

4 rote, gelbe oder grüne Paprika
100 g Doppelrahmfrischkäse
½ TL Zitronensaft
50 g Räucherlachs,
klein geschnitten
Salz und Pfeffer

VARIATION

Rühren Sie gehackten Dill oder Schnittlauch unter die Frischkäsemischung und garnieren Sie mit Dill. Anstelle von Räucherlachs eignen sich auch geräucherte Forelle oder Schinkenwürfel.

1 Einen Deckel von den Paprikaschoten abschneiden und die Stränge aus den Schoten entfernen.

2 Frischkäse und Zitronensaft in einer Schüssel mit einem Holzlöffel glatt rühren und den Lachs sorgfältig unterheben. Mit Salz und Pfeffer abschmecken.

3 Die Paprikaschoten mit der Frischkäsemischung füllen, dabei die Füllung leicht andrücken. Mit Frischhaltefolie abgedeckt 3–4 Stunden im Kühlschrank ruhen lassen.

4 Vor dem Servieren die Paprikaschoten in Scheiben schneiden und fächerförmig auf einem Servierteller anrichten.

Spinat-Champignons

Für 4 Personen

50 g Feta
12 große Champignons
3 EL trockener Weißwein
3 EL Wasser
1 Schalotte, gehackt
1 frischer Thymianzweig, fein gehackt
2 TL Zitronensaft
25 g Butter
Salz und Pfeffer
2 TL Olivenöl
1 Knoblauchzehe, fein gehackt
175 g Blattspinat, gehackt

TIPP

Pilze müssen nicht geschält werden, es sei denn, ihre Haut ist ledrig oder verfärbt. Wischen Sie die Pilze nur sorgfältig mit feuchtem Küchenpapier ab.

1 Den Ofen auf 180 °C vorheizen. Den Feta zerkrümeln und beiseite stellen. Die Stiele der Pilze von den Hüten trennen und fein hacken.

2 Wein und Wasser in einen breiten Topf geben. Die Hälfte der Schalotte und des Thymians zugeben. Aufkochen und 2 Minuten köcheln lassen. Die Pilzhüte mit der glatten Seite nach unten hineinlegen und mit Zitronensaft beträufeln. Abdecken und 6 Minuten köcheln lassen, dann die Pilzhüte herausnehmen und auf einem Teller abtropfen lassen. Den Sud erneut aufkochen, Pilzstiele und Butter hineingeben und salzen. Ca. 6 Minuten kochen, bis die Flüssigkeit verdampft ist. Die Pilzstiele in eine Schüssel geben.

3 Das Olivenöl in einem sauberen Topf erhitzen. Den Rest der Schalotte, Knoblauch und Spinat hineingeben und mit Salz bestreuen. Bei mittlerer Hitze unter Rühren 3 Minuten garen, bis die ganze Flüssigkeit verdampft ist. Die Spinatmischung mit den Pilzstielen verrühren. Nach Geschmack pfeffern und den Feta unterrühren.

4 Die Mischung auf die Pilzhüte verteilen. Diese in einer Lage in einer Auflaufform verteilen und 15–20 Minuten im Ofen goldbraun backen. Warm servieren.

Champignonhäppchen mit Aïoli

Für 4 Personen

100 g frisches Weißbrot
2 EL frisch geriebener Parmesan
1 TL Paprikapulver
2 Eiweiß
250 g kleine Champignons, geputzt

AÏOLI
4 Knoblauchzehen, zerdrückt
Salz und Pfeffer
2 Eigelb
225 ml natives Olivenöl extra

1 Den Ofen auf 190 °C vorheizen. Für die Aïoli den Knoblauch mit 1 Prise Salz in eine Schüssel geben und mit einem Löffelrücken zerdrücken. Die Eigelb zugeben und alles 30 Sekunden mit dem elektrischen Handrührgerät cremig schlagen. Das Öl zunächst tropfenweise zugeben, wenn die Mischung einzudicken beginnt, das Öl unter ständigem Schlagen gleichmäßig zugeben. Nach Belieben mit Salz und Pfeffer abschmecken. Die Schüssel mit Frischhaltefolie abdecken und bis zum Verzehr in den Kühlschrank stellen.

2 Ein Backblech mit Backpapier auslegen. Das Brot mit der Reibe zu Krumen verarbeiten und diese mit Parmesan und Paprikapulver in eine Schüssel geben. Das Eiweiß in einer anderen Schüssel verquirlen. Jeden Pilz nun zuerst in das Eiweiß tauchen und dann in den Brotkrumen wenden. Auf das vorbereitete Backblech legen.

3 Im Ofen 15 Minuten backen, bis die Panade knusprig ist. Sofort mit der Aïoli servieren.

VARIATION

Für einen Kräuter-Sahne-Dip 4 Esslöffel gehackte Kräuter mit 200 g saurer Sahne, 1 gehackten Knoblauchzehe und Zitronensaft mischen und abschmecken.

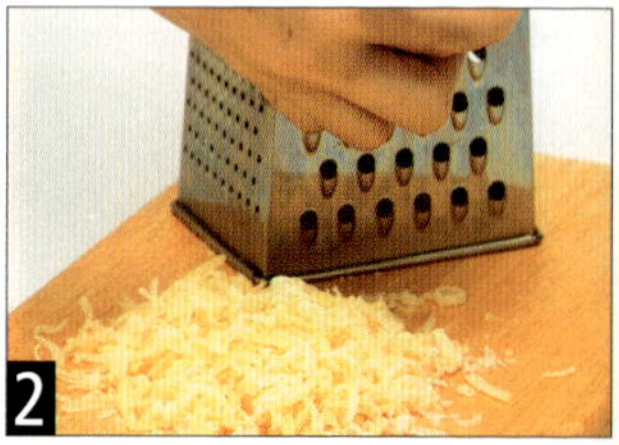

Zwiebel-Bhajias

Für 4 Personen

2 gehäufte EL Kichererbsenmehl
½ TL gemahlene Kurkuma
½ TL Kreuzkümmelsamen, gemahlen
1 TL Garam Masala
1 Prise Cayennepfeffer
1 Ei
1 große Zwiebel, geviertelt und in feine Streifen geschnitten
Salz
1 EL frisch gehackter Koriander
3 EL Semmelbrösel, nach Bedarf
Öl, zum Frittieren

DIP

1 TL Koriandersamen, gemahlen
1½ TL Kreuzkümmelsamen, gemahlen
225 g Naturjoghurt
Salz und Pfeffer

TIPP

Vor dem Frittieren die Pfanne und alle anderen Geräte gut abtrocknen. Kommt Wasser in Kontakt mit dem heißen Öl, spritzt es heftig.

1 Kichererbsenmehl, Kurkuma, Kreuzkümmel, Garam Masala und Cayennepfeffer in einer großen Schüssel mischen. Eine Mulde formen und das Ei hineingeben. Alles zu einem klebrigen Teig verarbeiten. Die Zwiebel und ein wenig Salz zugeben. Dann den Koriander untermischen. Wenn die Mischung noch zu flüssig ist, die Semmelbrösel einrühren.

2 Das Frittieröl bei mittlerer Hitze bis zum Rauchpunkt erhitzen.

3 Je 2 Teelöffel Zwiebelmasse zu einem Bällchen formen, portionsweise – 8–10 Stück auf einmal – in das heiße Öl geben und rundum braun frittieren. Die Bällchen sollten schnell fest werden. Auf Küchenpapier abtropfen lassen und bis zum Servieren im Backofen warm halten.

4 Für die Sauce die Gewürze in einer Pfanne anrösten, vom Herd nehmen, mit Joghurt verrühren und alles mit Salz und Pfeffer abschmecken.

1

4

3

Sellerie mit Oliven-Frischkäse-Füllung

Für 4 Personen

12 Selleriestangen
225 g Doppelrahmfrischkäse
50 g schwarze oder grüne Oliven, fein gehackt
50 g eingelegte Peperoni, abgetropft und fein gehackt
2 Frühlingszwiebeln, fein gehackt
1 EL frisch gehackte Petersilie
2 TL Tabasco oder scharfe Pfeffersauce, nach Belieben

VARIATION

Anstelle von Oliven und Peperoni können Sie auch mit Paprika gefüllte Oliven verwenden. Gegrillte und in Öl eingelegte Paprika schmecken auch sehr gut.

1 Die Selleriestangen waschen. Blätter sowie holzige Stellen und grobe Fasern entfernen.

2 Den Frischkäse in einer Schüssel mit einem Holzlöffel glatt rühren. Die restlichen Zutaten unterrühren.

3 Die Frischkäsemischung mit einem Löffel oder Spritzbeutel auf die Selleriestangen geben. Die Selleriestangen in 5-cm-Stücke schneiden, auf einem Servierteller anrichten und servieren.

Frittiertes Gemüse

Für 4 Personen

100 g Vollkornmehl
1 Prise Salz
1 Prise Cayennepfeffer
4 TL Olivenöl
175 ml kaltes Wasser
100 g Brokkoliröschen
100 g Blumenkohlröschen
50 g Zuckererbsenschoten
1 Karotte, in Stifte geschnitten
1 rote Paprika, in Streifen geschnitten
2 Eiweiß, verquirlt
Öl, zum Frittieren

SAUCE
150 ml Ananassaft
150 ml Gemüsebrühe
2 EL Weißweinessig
2 EL brauner Zucker
2 TL Speisestärke
2 Frühlingszwiebeln, gehackt

1 Mehl in eine Rührschüssel sieben und mit Salz und Cayennepfeffer würzen. Eine Vertiefung in die Mitte drücken. Öl und Wasser nach und nach hineinrühren, bis der Teig glatt ist.

1

2 Das Gemüse 5 Minuten in kochendem Wasser garen und gut abtropfen lassen.

4

3 Das Eiweiß vorsichtig unter den Teig heben.

4 Das Gemüse in den Teig tauchen und darin wenden. Überschüssigen Teig abtropfen lassen. Das Frittieröl in der Fritteuse auf 180 °C erhitzen (ein Brotwürfel sollte in 30 Sekunden braun werden). Das Gemüse in mehreren Portionen jeweils 1–2 Minuten goldbraun ausbacken. Mit einem Schaumlöffel aus dem Öl heben und auf Küchenpapier abtropfen lassen.

4

5 Alle Zutaten für die Sauce in einem Topf unter Rühren aufkochen, bis die Sauce eindickt. Mit dem frittierten Gemüse servieren.

Gemüse im Teigmantel

Für 4 Personen

125 g Weizenmehl Type 405
½ TL Backpulver
1 Prise Salz
1 Ei
125 ml Milch
½ TL Tabasco, nach Belieben
1 große Zwiebel
1 große Zucchini
1 kleine Aubergine
1 kleiner Blumenkohl
125 g weiße Champignons
Öl, zum Ausbacken
Zitronenspalten, zum Garnieren
Knoblauch-Tomaten-Sauce, zum Servieren

1 Für den Teig Mehl, Backpulver und Salz in einer Schüssel mischen und mit dem Ei zu einem glatten Teig verrühren. Nach und nach Milch und ggf. Tabasco unterrühren.

2 Die Zwiebel in dicke Ringe schneiden. Die Zucchini und Aubergine in dicke Scheiben, dann in Stifte schneiden. Den Blumenkohl in Röschen zerteilen. Die Stiele der Champignons abschneiden.

3 Öl in einem Wok oder einer großen Pfanne auf 180–190 °C erhitzen (ein Brotwürfel sollte in 30 Sekunden goldbraun frittiert sein). Das Gemüse in den Teig tauchen, abtropfen lassen, in das Fett geben und goldbraun ausbacken. Mit einem Schaumlöffel herausnehmen, auf Küchenpapier abtropfen lassen und bis zum Verzehr warm stellen.

4 Mit Zitronenspalten garniert servieren. Dazu eine Knoblauch-Tomaten-Sauce reichen.

Käsekartoffeln

Für 4 Personen

500 g fest kochende Kartoffeln, grob gewürfelt
125 g Parmesan, frisch gerieben
Öl, zum Frittieren

SAUCE
25 g Butter
1 Zwiebel, halbiert und in Ringe geschnitten
2 Knoblauchzehen, zerdrückt
25 g Mehl
300 ml Milch
1 EL frisch gehackte Petersilie

TEIG
50 g Mehl
1 kleines Ei
150 ml Milch

1 Für die Sauce die Butter in einer Pfanne zerlassen und Zwiebel und Knoblauch darin 2–3 Minuten dünsten. Das Mehl zufügen und unter Rühren 1 Minute anschwitzen.

2 Die Mischung vom Herd nehmen und Milch und Petersilie einrühren. Wieder auf den Herd stellen und einmal kurz aufkochen. Warm stellen.

3 Unterdessen die Kartoffeln in einem Topf mit kochendem Wasser 5–10 Minuten garen.

4 Die Kartoffeln abgießen und im Parmesan wenden; der Käse hält besonders gut, wenn die Kartoffeln noch ein wenig feucht sind.

5 Für den Teig das Mehl in eine Schüssel geben. Nach und nach Ei und Milch unterrühren, bis ein glatter Teig entsteht. Die Kartoffelwürfel in dem Teig wenden.

6 Das Öl in einem Topf oder einer Fritteuse auf 180 bis 190 °C erhitzen (ein Brotwürfel sollte darin in 30 Sekunden braun werden). Die panierten Kartoffelwürfel darin 3–4 Minuten goldbraun frittieren.

7 Die Kartoffeln mit einem Schaumlöffel herausheben und gut abtropfen lassen. In eine Schüssel geben und servieren. Dazu die Knoblauchsauce reichen.

Zucchini-Fritters

Ergibt 16–30 Stück

100 g Mehl
1 TL Backpulver
2 Eier, verquirlt
50 ml Milch
300 g Zucchini
2 EL frischer Thymian
Salz und Pfeffer
1 EL Öl

VARIATION

Geben Sie bei Schritt 4 ½ Teelöffel zerdrückte getrocknete Chillies zum Teig – so schmecken die Fritters noch pikanter.

1 Mehl und Backpulver in eine Schüssel sieben, eine Vertiefung in die Mitte drücken und die Eier hineingeben. Dann nach und nach das Mehl mit einem Holzlöffel unterrühren.

2 Die Milch unter ständigem Rühren langsam zugießen und alles zu einem festen Teig verarbeiten.

3 Unterdessen die Zucchini abspülen. Eine Schüssel mit Küchenpapier auslegen, um den Saft aufzusaugen, und die Zucchini hineinreiben.

4 Zucchini und Thymian zum Teig geben, salzen und pfeffern und alles gut verrühren.

5 Das Öl in einer großen Pfanne erhitzen. Für mittelgroße Fritters jeweils 1 Esslöffel (für kleine Fritters einen ½ Esslöffel) Teigmischung in das heiße Öl geben und von jeder Seite 3–4 Minuten braten.

6 Die Fritters auf Küchenpapier abtropfen lassen und im Backofen warm stellen, bis die gesamte Teigmischung verarbeitet ist. Sobald alle Zucchini-Fritters fertig sind, auf vorgewärmten Tellern anrichten und sofort servieren.

Tofu-Tempura

Für 4 Personen

125 g kleine Zucchini
125 g kleine Karotten
125 g Maiskölbchen
125 g kleine Porreestangen
2 kleine Auberginen
225 g Tofu
Öl, zum Frittieren
feine Streifen von Karotten, Ingwer und Porree, zum Garnieren
Nudeln, zum Servieren

AUSBACKTEIG
2 Eigelb
300 ml Wasser
225 g Mehl

DIP
5 EL Mirin oder trockener Sherry
5 EL japanische Sojasauce
2 TL Honig
1 Knoblauchzehe, zerdrückt
1 TL frisch geriebener Ingwer

1 Zucchini und Karotten längs halbieren. Maiskölbchen und Porree putzen, die Auberginen vierteln. Den Tofu in 2,5-cm-Würfel schneiden.

2 Das Eigelb mit dem Wasser verquirlen. 175 g Mehl dazusieben und mit einem Schneebesen zu einem festen Teig rühren. Es macht nichts, wenn sich dabei Klumpen bilden. Das Öl zum Frittieren auf 180 °C erhitzen (ein Brotwürfel sollte darin in 30 Sekunden braun werden).

3 Das restliche Mehl auf einen großen Teller streuen und das Gemüse und den Tofu darin wälzen, bis alles dünn mit Mehl überzogen ist.

4 Den Tofu in den Teig tauchen und 2–3 Minuten goldbraun frittieren. Auf Küchenpapier abtropfen lassen und warm stellen.

5 Die Gemüsestückchen nacheinander in den Teig tauchen und 3–4 Minuten goldbraun frittieren. Auf Küchenpapier abtropfen lassen und auf einem Servierteller anrichten.

6 Für den Dip alle Zutaten verrühren. Mit Gemüse und Tofu sowie Nudeln servieren und mit den feinen Gemüsestreifen garnieren.

1

3

5

Indonesische Erdnussküchlein

Ergibt 20 Stück

60 g Reismehl
½ TL Backpulver
½ TL gemahlene Kurkuma
½ TL gemahlener Koriander
¼ TL gemahlener Kreuzkümmel
1 Knoblauchzehe, fein gehackt
80 g ungesalzene Erdnüsse, zerdrückt
125–150 ml Kokosmilch
Salz
Erdnussöl, zum Braten

1 Reismehl, Backpulver, Kurkuma, Koriander, Kreuzkümmel, Knoblauch und Erdnüsse in einer Schüssel mischen. Nach und nach Kokosmilch unterrühren, bis ein glatter, dünner Teig entstanden ist. Mit Salz abschmecken.

2 Eine Pfanne etwa 1 cm hoch mit Öl füllen und stark erhitzen. Esslöffelgroße Teigportionen mit ausreichend Abstand in die Pfanne setzen und braten, bis die Oberseite gestockt und die Unterseite goldbraun ist. Die Küchlein wenden und 1 weitere Minute braten, bis auch die zweite Seite goldbraun ist. Mit einem Pfannenwender herausnehmen, auf Küchenpapier abtropfen lassen und warm stellen, bis alle Küchlein fertig sind. Sofort servieren.

VARIATION

Die Gewürze können durch 1½ Teelöffel Garam Masala und die Erdnüsse durch ungesalzene Cashewkerne ersetzt werden.

3 Alternativ die Küchlein auf einem Kuchengitter auskühlen lassen und luftdicht verschlossen aufbewahren. Vor dem Servieren auf ein Backblech legen und 10 Minuten im vorgeheizten Backofen bei 180 °C erwärmen.

Nachos mit schwarzen Bohnen

Für 4 Personen

225 g schwarze Bohnen, getrocknet oder aus der Dose
175–225 g geriebener Käse, z. B. Cheddar, Pecorino, Gouda oder eine Mischung dieser Sorten
¼ TL Kreuzkümmelsamen oder gemahlener Kreuzkümmel
4 EL saure Sahne
1 EL frisch gehackter Koriander
1 Hand voll Salatblätter, in feine Streifen geschnitten
eingelegte Jalapeño-Schoten, in Ringe geschnitten (nach Belieben)
Tortilla-Chips, zum Servieren

VARIATION

Wer es etwas herzhafter mag, kann gewürfelte, kross gebratene Chorizowurst über die Bohnen geben, bevor sie mit Käse belegt und gebacken werden. Auch fein gehackte Fleischreste vom Vortag eignen sich für diesen Zweck.

1 Getrocknete Bohnen über Nacht einweichen. Dann abtropfen lassen, in einen Topf geben, mit Wasser bedecken und aufkochen. 10 Minuten kochen, dann die Hitze reduzieren und etwa 1½ Stunden gar köcheln. Danach gut abtropfen lassen.

2 Bohnen in eine Auflaufform geben. Käse und Kreuzkümmel darauf verteilen.

3 Die Form 10–15 Minuten in den auf 190 °C vorgeheizten Backofen stellen, bis die Bohnen gar sind und der Käse Blasen wirft.

4 Die noch heißen Bohnen mit saurer Sahne bedecken. Koriander, Salatstreifen und nach Belieben Jalapeño-Ringe darüber streuen.

5 Tortilla-Chips zum Bohnengericht reichen und alles servieren.

Knusprige Kartoffelschalen

Für 4 Personen

4 gekochte Pellkartoffeln
2 Scheiben Frühstücksspeck
125 g Blauschimmelkäse, zerkrümelt
Öl, zum Frittieren
saure Sahne oder Naturjoghurt, zum Garnieren

1 Die Kartoffeln der Länge nach vierteln und das Innere bis auf einen 5 mm dicken Rand mit einem Löffel ausschaben.

2 Den Backofengrill vorheizen. Den Speck knusprig rösten, in dünne Streifen schneiden und in einer kleinen Schüssel mit dem Blauschimmelkäse mischen.

3 Öl in einem Wok oder einer Pfanne auf 180–190 °C erhitzen (ein Brotwürfel sollte in 30 Sekunden goldbraun frittiert sein). Die Kartoffelschalen langsam in das heiße Fett gleiten lassen und 3–4 Minuten goldbraun und knusprig frittieren. Mit einem Schaumlöffel herausnehmen und auf Küchenpapier abtropfen lassen.

4 Die Kartoffelschalen auf einem Servierteller anrichten und mit esslöffelgroßen Portionen der Käse-Speck-Mischung füllen. Mit einem Klacks saurer Sahne oder Naturjoghurt garniert sofort servieren.

1

TIPP
Garnieren Sie die Kartoffelschalen zusätzlich mit frischem Schnittlauch.

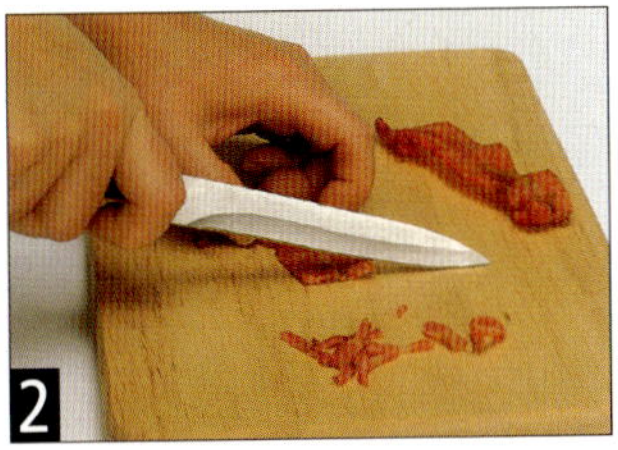
2

Rosmarin-Kartoffeln

Für 4 Personen

12 kleine Frühkartoffeln

125 g Butter

2 EL frisch gehackter Rosmarin

Salz und Pfeffer

frische Rosmarinzweige,
zum Garnieren

VARIATION

1–2 zerdrückte Knoblauchzehen zur Rosmarin-Butter zugeben.

1 Die Kartoffeln in einem großen Topf mit leicht gesalzenem Wasser gerade bissfest kochen. Alles gut abtropfen lassen.

2 Die Butter in einer großen Pfanne zerlassen. Kartoffeln und Rosmarin dazugeben und gut vermengen. Bei mittlerer bis starker Hitze unter häufigem Rühren 5 Minuten schwenken, bis die Kartoffeln mit der Rosmarin-Butter überzogen sind und die Schalen goldbraun zu werden beginnen.

3 Die Kartoffeln auf Serviertellern anrichten und mit Salz und Pfeffer würzen. Mit frischen Rosmarinzweigen garniert sofort servieren.

Chinesische Pommes frites

Für 4 Personen

650 g Kartoffeln
125 ml Pflanzenöl
1 frische rote Chili, halbiert
1 kleine Zwiebel, geviertelt
2 Knoblauchzehen, halbiert
2 EL Sojasauce
1 Prise Salz
1 TL Weinessig
1 EL Meersalz
1 Prise Chilipulver

1 Die Kartoffeln schälen und längs in dünne Scheiben schneiden. Die Scheiben in Stifte schneiden.

2 Die Kartoffelstäbchen 2 Minuten in kochendem Wasser blanchieren. Dann abtropfen lassen, kalt abspülen, erneut gut abtropfen lassen und mit Küchenpapier trockentupfen.

3 Das Öl in einem Wok bis zum Rauchpunkt erhitzen. Chili, Zwiebel und Knoblauch zufügen und 30 Sekunden rühren. Den Wok vom Herd nehmen. Chili, Zwiebel und Knoblauch herausnehmen und wegwerfen.

4 Die Kartoffelstäbchen in den Wok geben und 3–4 Minuten im gewürzten Öl goldgelb braten.

5 Sojasauce, Salz und Essig zugeben, die Hitze reduzieren und die Kartoffelstäbchen 1 weitere Minute knusprig braten.

6 Die Pommes frites mit einem Schaumlöffel herausnehmen und auf Küchenpapier abtropfen lassen.

7 In eine Schüssel geben, mit Meersalz und Chilipulver bestreuen und sofort servieren.

VARIATION

Sie können die Pommes frites mit anderen Gewürzen, wie z. B. Currypulver, bestreuen oder mit einem Chili-Dip servieren.

Kartoffel-Kibbeh

Für 4 Personen

175 g Bulgur
350 g mehlig kochende Kartoffeln, gewürfelt
2 kleine Eier, verquirlt
2 EL Butter, zerlassen
1 Prise gemahlener Kreuzkümmel
1 Prise gemahlener Koriander
1 Prise geriebene Muskatnuss
Salz und Pfeffer
Öl, zum Frittieren

FÜLLUNG
175 g Lammfleisch, gehackt
1 kleine Zwiebel, gehackt
1 EL Pinienkerne
25 g getrocknete Aprikosen, gehackt
1 Prise geriebene Muskatnuss
1 Prise Zimt
1 EL frisch gehackter Koriander
2 EL Lammbrühe

1 Bulgur in eine Schüssel geben und mit kochendem Wasser übergießen. 30 Minuten quellen lassen, bis das Wasser ganz aufgenommen ist.

2 Die Kartoffeln in kochendem Wasser 10 Minuten garen, dann abgießen und zu einem glatten Kartoffelbrei zerstampfen.

3 Bulgur, Eier, Butter, Kreuzkümmel, Koriander und Muskatnuss zu den Kartoffeln geben. Kräftig mit Salz und Pfeffer abschmecken.

4 Für die Füllung das Lammhack 5 Minuten ohne Fettzugabe in der Pfanne anbraten, dann die Zwiebel zugeben und weitere 2–3 Minuten braten. Die restlichen Zutaten zufügen und 5 Minuten weitergaren, bis die Lammbrühe ganz aufgenommen ist. Alles leicht abkühlen lassen, dann in 8 Portionen aufteilen. Jede Portion zu einem Kloß formen.

5 Die Bulgurmischung ebenfalls in 8 Portionen aufteilen und diese flach drücken. Die Lammfüllung auf die flach gedrückten Kreise geben und mit der Bulgurmasse umhüllen.

6 Das Öl in einem großen Topf oder einer Fritteuse auf 180–190 °C erhitzen (ein Brotwürfel sollte darin in 30 Sekunden goldbraun werden). Die Kibbeh je 5–7 Minuten goldbraun frittieren, auf Küchenpapier gut abtropfen lassen und servieren.

Paprikachips

Für 4 Personen

2 große Kartoffeln

3 EL Olivenöl

½ TL Paprikapulver

Salz

VARIATION

Verwenden Sie statt Paprikapulver Currypulver oder auch ein anderes Gewürz nach Ihrem Geschmack.

1 Die Kartoffeln mit einem scharfen Messer in hauchdünne Scheiben schneiden. Sie sollten fast transparent sein. Unter fließendem Wasser gründlich abspülen und mit Küchenpapier trockentupfen.

2 Das Öl in einer großen Pfanne erhitzen, das Paprikapulver zufügen und dabei ständig rühren, damit es nicht anbrennt.

3 Die Kartoffelscheiben portionsweise zugeben und je 5 Minuten rösten, bis sie sich an den Rändern leicht aufbiegen.

4 Die Chips mit einem Schaumlöffel herausheben und zum Abtropfen auf Küchenpapier legen.

5 Die gebratenen Chips auf Holz- oder Bambusspieße stecken.

6 Die Spieße mit Salz bestreuen, unter den vorgeheizten Grill legen und auf mittlerer Stufe 10 Minuten knusprig rösten, dabei häufig wenden. Nach Geschmack mit etwas mehr Salz bestreuen und sofort servieren.

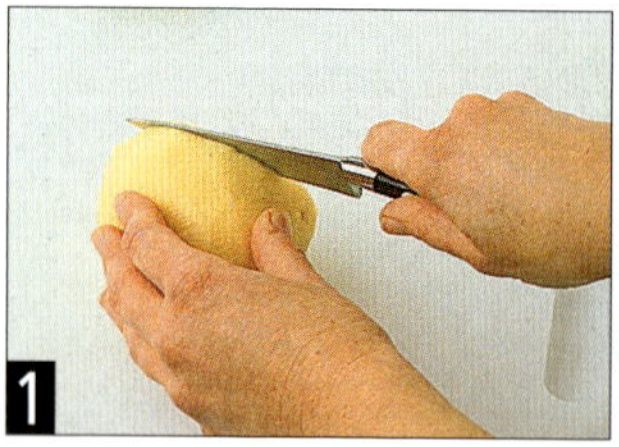
1

4

5

Backofen-Pommes-frites

Für 4 Personen

450 g Kartoffeln, geschält

2 EL Maiskeimöl

Salz und Pfeffer

1 Den Backofen auf 200 °C vorheizen.

2 Die Kartoffeln in gleichmäßig dicke Stäbchen schneiden, unter fließend kaltem Wasser waschen und mit einem sauberen Geschirrtuch trockentupfen. In eine Schüssel geben, mit Öl beträufeln und gut vermengen.

3 Die Kartoffelstäbchen auf einem Backblech verteilen und im Ofen 40–45 Minuten goldgelb backen, dabei einmal wenden. Mit Salz und Pfeffer würzen und heiß servieren.

Pizza, Toast & Co

Auf oder zwischen zwei Brotscheiben lassen sich vielerlei köstliche Zutaten unterbringen, und die Möglichkeiten der Variation sind fast endlos: z. B. Bruschetta (s. S. 214), Crostini mit Ei und Tapenade (s. S. 233) oder Basilikum-Zucchini-Toast (s. S. 236). Pizza kommt immer gut an, und so finden Sie in diesem Kapitel eine ganze Reihe von Pizzarezepten – von der klassischen Art bis zu ganz schnellen Varianten mit Pita-Brot. Mit unseren köstlichen Brotrezepten holen Sie das Mittelmeer in Ihre Küche, wie etwa mit der Mini-Focaccia (s. S. 238) oder den Pizza-Brötchen mit Tomaten (s. S. 239). Für Anlässe der gehobenen Art eignen sich so attraktive Häppchen wie die Schinken-Parmesan-Röllchen (s. S. 251) oder die Sardellenhäppchen (s. S. 252) besonders gut.

Bruschetta

Ergibt 30 Stück

3 lange Ciabatta oder Baguettes

125 g Pesto

125 g Pesto rosso

450 g Mozzarella, gewürfelt

2 TL getrockneter Oregano

Pfeffer

3 EL Olivenöl

VARIATION

Der Mozzarella kann durch zerkrümelten oder gewürfelten Ziegenkäse oder durch in Scheiben geschnittenen Provolone ersetzt werden. Bestreuen Sie die Brotscheiben mit frisch zerkleinerten Basilikumblättern.

1 Den Backofen auf 220 °C oder den Backofengrill vorheizen. Die Brotstangen in diagonale Scheiben schneiden und von beiden Seiten goldbraun rösten.

2 Die Brotscheiben auf einer Seite entweder mit dem grünen oder dem roten Pesto bestreichen und mit Mozzarella belegen. Mit Oregano und Pfeffer bestreuen.

3 Die Brotscheiben auf ein Backblech legen und mit dem Olivenöl beträufeln. Das Brot 5 Minuten überbacken, bis der Käse geschmolzen ist und Blasen wirft. Aus dem Backofen nehmen und vor dem Servieren 5 Minuten ruhen lassen.

Knoblauchbrot

Für 4 Personen

150 g weiche Butter
3 Knoblauchzehen, zerdrückt
2 EL frisch gehackte Petersilie
Salz und Pfeffer
1 großes Baguette

VARIATION

Alternativ das Knoblauchbrot im vorgeheizten Backofen bei 190 °C 15 Minuten backen.

1 Butter, Knoblauch und Petersilie in einer Schüssel sorgfältig verrühren und mit Salz und Pfeffer abschmecken.

2 Das Baguette in dicke Scheiben schneiden. Die Scheiben mit Knoblauchbutter bestreichen und auf einem Stück reißfester Alufolie wieder zu einem Laib zusammenfügen.

3 Das Brot sorgfältig einwickeln und 10–15 Minuten über heißer Holzkohle oder unter einem Backofengrill erwärmen, bis die Butter zerläuft und das Brot vollständig erhitzt ist.

4 Das fertige Knoblauchbrot als Beilage zu Salaten und Grillgerichten servieren.

1

2

2

Piperade

Für 4–6 Personen

2 EL Olivenöl
1 große Zwiebel, fein gehackt
1 große rote Paprika, fein gewürfelt
1 große gelbe Paprika, fein gewürfelt
1 große grüne Paprika, fein gewürfelt
8 große Eier
Salz und Pfeffer
2 Tomaten, gehackt
2 EL frisch gehackte glatte Petersilie
4–6 dicke Scheiben Bauernbrot, geröstet, zum Servieren
frische glatte Petersilienzweige, zum Garnieren

1 Das Olivenöl in einer Pfanne bei mittlerer Hitze erwärmen. Zwiebel und Paprika zufügen, die Hitze reduzieren und das Gemüse langsam 15–20 Minuten weich dünsten.

2 Unterdessen die Eier in eine Rührschüssel geben und zu einer glatten Masse verquirlen. Mit Salz und Pfeffer abschmecken. Beiseite stellen.

3 Wenn die Paprika weich ist, die Eier in die Pfanne geben und unter ständigem Rühren bei niedriger Hitze braten, bis sie stocken, aber noch nicht zu fest sind. Dann die Pfanne vom Herd nehmen.

4 Tomaten und Petersilie unterrühren. Noch einmal abschmecken. Das geröstete Brot auf einzelne Teller verteilen und die Eier mit dem Gemüse darüber löffeln. Mit Petersilie garnieren und sofort servieren.

TIPP

Dieses Gericht wird gehaltvoller, wenn Sie es mit dick aufgeschnittenem Serrano- oder Parmaschinken servieren. Der salzige Schinkengeschmack kontrastiert sehr fein mit der Süße der Paprika.

Oliven-Tomaten-Bruschetta

Für 4 Personen

125 ml natives Olivenöl extra

1 kleines Ciabatta-Brot, in 1 cm dicke Scheiben geschnitten

4 Tomaten, gewürfelt

6 frische Basilikumblätter, zerpflückt

Salz und Pfeffer

8 schwarze Oliven, gehackt

1 große Knoblauchzehe, geschält und halbiert

1 Die Hälfte des Olivenöls in eine flache Auflaufform gießen und die Brotscheiben hineinlegen. Nach 1–2 Minuten wenden und weitere 2 Minuten tränken. Die Brotscheiben sollten sich mit dem Öl voll gesogen haben.

2 Unterdessen Tomaten und Basilikum in einer Schüssel mischen. Nach Geschmack salzen und pfeffern. Oliven und das restliche Olivenöl dazugeben und vermengen.

3 Den Backofengrill vorheizen. Die Brotscheiben auf das Backofengitter legen und von beiden Seiten je 2 Minuten goldbraun rösten.

4 Die Brotscheiben auf einen großen Servierteller legen.

5 Die Brotscheiben mit der Schnittseite der Knoblauchhälften einreiben und die Tomatenmischung esslöffelweise darauf geben. Sofort servieren.

1

2

5

Frische Feigen mit Gorgonzola

Für 4 Personen

4 frische Feigen
8 Scheiben Baguette oder Ciabatta-Brot
125 g Gorgonzola oder ein anderer Blauschimmelkäse, zerkrümelt

1 Die Feigen in Scheiben schneiden. Den Backofengrill vorheizen. Die Brotscheiben auf das Ofengitter legen und von einer Seite goldbraun rösten.

2 Die Brotscheiben wenden und die andere Seite mit Käse belegen – den Käse nicht über den Rand ragen lassen.

3 Die Feigenscheiben über den Käse legen.

4 Die Brotscheiben auf das Backofengitter legen und 3–4 Minuten backen, bis der Käse weich ist und die Feigen heiß sind. Auf einem Servierteller anrichten und sofort servieren.

Kleine Peperoni-Pizzas

Ergibt 12 Stück

TEIG

525 g Weizenmehl Type 405, plus etwas mehr zum Bestäuben

1 Päckchen Backpulver

1 TL Salz

75 g Butter, gewürfelt

300–375 ml Milch

Olivenöl, zum Einfetten

BELAG

175 ml küchenfertige Tomaten-Pizzasauce

125 g Speckwürfel

1 orangefarbene Paprika, fein gewürfelt

75 g Peperoniwurst, in Scheiben

50 g geriebener Mozzarella

½ TL getrockneter Oregano

Olivenöl, zum Beträufeln

Salz und Pfeffer

1 Den Backofen auf 200 °C vorheizen. Für den Teig Mehl, Backpulver und Salz in eine Schüssel geben. Butter dazugeben und mit den Fingern feinkrümelig einarbeiten. Eine Mulde in die Mitte drücken und 300 ml Milch hineingießen. Mit einem Kochlöffel zu einem weichen Teig verarbeiten. Bei Bedarf noch etwas Milch zugeben.

2 Den Teig auf einer leicht bemehlten Arbeitsfläche leicht durchkneten, in 12 gleich große Portionen teilen und diese zu Kreisen ausrollen. Auf ein leicht gefettetes Backblech legen und bei jedem Kreis einen kleinen Teigrand formen.

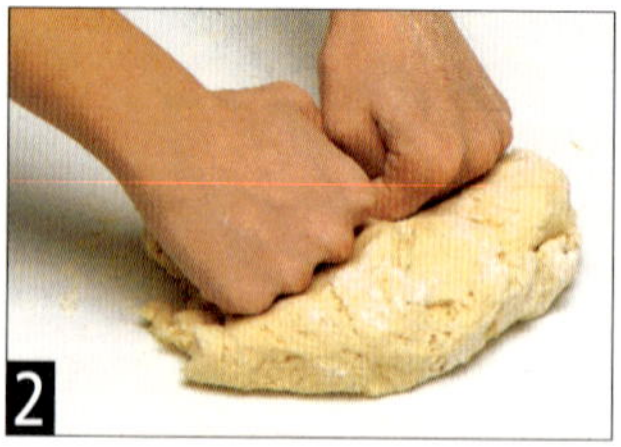

2

3

3

3 Für den Belag die Teigböden bis zum Rand mit der Pizzasauce bestreichen. Mit Speck- und Paprikawürfeln und Peperoniwurst belegen. Mit Käse und Oregano bestreuen und mit Olivenöl beträufeln. Nach Geschmack salzen und pfeffern.

4 10–15 Minuten backen, bis die Teigränder knusprig sind und der Käse Blasen wirft. Sofort servieren.

Pizza-Toasties

Ergibt 8 Stück

4 Toasties
125 ml küchenfertige Tomaten-Pizzasauce
2 getrocknete Tomaten in Öl, abgetropft und gehackt
60 g Parmaschinken
2 Ananasscheiben aus der Dose, in kleine Stücke geschnitten
½ grüne Paprika, gewürfelt
125 g Mozzarella, in dünne Scheiben geschnitten
Olivenöl, zum Beträufeln
Salz und Pfeffer
Basilikumblätter, zum Garnieren

TIPP

Statt der runden Toasties eignen sich auch herkömmliche Toasts oder Hamburgerbrötchen. Am besten bewahren Sie immer ein paar Toasties im Tiefkühlfach auf – so haben Sie stets einen „schnellen Pizzaboden" zur Hand.

1 Die Toasties halbieren und jede Hälfte an der Schnittseite toasten.

2 Die Tomatensauce auf den Toasties verstreichen. Mit den getrockneten Tomaten bestreuen.

3 Den Schinken in dünne Streifen schneiden.

4 Den Schinken mit der Ananas und Paprika auf die Toasties geben.

5 Sorgfältig mit den Mozzarellascheiben belegen.

6 Jedes Toastie mit etwas Öl beträufeln und salzen und pfeffern.

7 Die Toasties unter einem vorgeheizten Grill backen, bis der Käse schmilzt und Blasen wirft.

8 Mit Basilikumblättern garnieren und sofort servieren.

Pan Bagna

Für 4 Personen

40 cm langes, dickes Stangenweißbrot
natives Olivenöl extra
grüne oder schwarze Tapenade (s. S. 20, nach Belieben)

FÜLLUNG

2 Eier, hart gekocht
50 g in Öl eingelegte Sardellenfilets
75 g eingelegte aromatisierte Oliven nach Wahl
Salat- oder Rucolablätter, abgespült und trockengetupft
4 Tomaten, in Scheiben geschnitten
200 g Thunfisch aus der Dose, abgetropft und zerkleinert

VARIATION

Andere mittelmeertypische Füllungen wären zerdrückter Knoblauch, rote oder gelbe Paprika, dicke Bohnen, saure Gurken, Artischockenherzen, Perlzwiebeln, frische Kräuter oder entsteinte Oliven.

1 Für die Füllung die Eier pellen und in Scheiben schneiden. Die Sardellenfilets gut abtropfen lassen und große Exemplare längs halbieren.

2 Die Oliven entsteinen und halbieren. Beiseite stellen. Mit einem Brotmesser das Stangenweißbrot längs halbieren. Die Brothälften aushöhlen, dabei einen Rand von etwa 1 cm stehen lassen.

3 Beide Hälften innen großzügig mit Olivenöl einpinseln. Für kräftigen Geschmack mit Tapenade bestreichen. Die untere Brothälfte mit Salat- oder Rucolablättern auslegen.

4 Die Brothälften schichtweise mit Eiern, Tomaten, Oliven, Sardellen und Thunfisch belegen und mit Olivenöl beträufeln. Salat- oer Rucolablätter dazwischen legen.

5 Die Brothälften zuklappen und fest zusammendrücken. Fest mit Frischhaltefolie umwickeln und in den Kühlschrank stellen. Beschweren und mehrere Stunden kalt stellen. Zum Servieren in 4 gleiche Portionen schneiden. Man kann das Brot auch verschnüren, damit die Hälften halten.

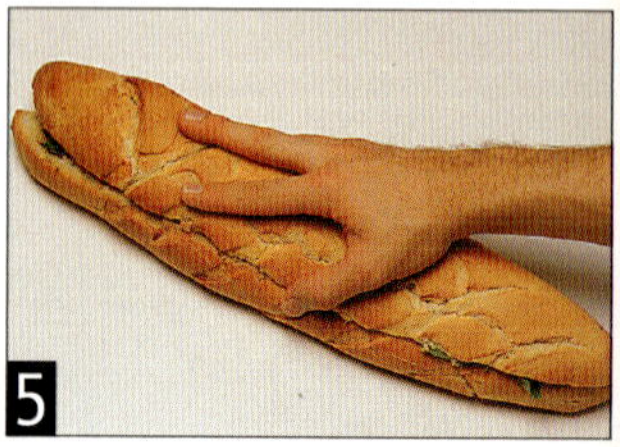

Mini-Pizzas

Für 8 Personen
PIZZATEIG
2 TL Trockenhefe
1 TL Zucker
250 ml lauwarmes Wasser
350 g Mehl
1 TL Salz
1 EL Olivenöl
BELAG
2 Zucchini
100 g passierte Tomaten
75 g Pancetta, gewürfelt
50 g schwarze Oliven, entsteint und grob gehackt
Salz und Pfeffer
1 EL getrocknete italienische Kräuter
2 EL Olivenöl

1 Hefe und Zucker in einen Messbecher geben, mit 50 ml Wasser auffüllen und 15 Minuten gehen lassen, bis die Mischung schäumt.

2 Mehl mit Salz in einer Schüssel vermengen. Eine Mulde in die Mitte drücken, dann Öl, die angerührte Hefe und das restliche Wasser hineingießen und alles gut verrühren.

3 Den Teig auf einer bemehlten Arbeitsfläche 4–5 Minuten glatt kneten. Zurück in die Schüssel geben und mit eingefetteter Frischhaltefolie abgedeckt 30 Minuten gehen lassen, bis sich sein Volumen verdoppelt hat.

4 Den Teig nochmals 2 Minuten durchkneten und zu 8 Kugeln formen. Jede dieser Kugeln zu einer dünnen Scheibe ausrollen und auf ein eingefettetes Backblech legen. Der Teig sollte nicht dicker als 5 mm sein, da er beim Backen noch aufgeht.

5 Für den Belag die Zucchini fein reiben. Auf Küchenpapier legen, 10 Minuten stehen lassen, um die austretende Flüssigkeit aufzufangen.

4

6

6 Je 2–3 Teelöffel passierte Tomaten auf 1 Pizzateigscheibe geben. Zucchini, Pancetta und Oliven darauf verteilen. Mit Salz, schwarzem Pfeffer und den italienischen Kräutern bestreuen und mit Olivenöl beträufeln.

7 Die Mini-Pizzas bei 200 °C im vorgeheizten Backofen 15 Minuten goldbraun backen. Heiß servieren.

Belegte Pita-Brote

Ergibt 16 Stück

8 dünne grüne Spargelspitzen
16 Mini-Pita-Brote
6 EL küchenfertige Tomaten-Pizzasauce
25 g Parmesan, frisch gerieben
25 g Ricotta
60 g Räucherlachs
Olivenöl, zum Beträufeln
Salz und Pfeffer
frische glatte Petersilienzweige, zum Garnieren

VARIATION

Statt kostspieligem Räucherlachs können Sie auch die billigere geräucherte Forelle verwenden, die ebenfalls sehr gut schmeckt. Versuchen Sie auch einmal anderen geräucherten Fisch, wie etwa Räuchermakrele, die ein kräftiges Aroma besitzt.

1 Die Spargelspitzen in 3-cm-Stücke schneiden und diese der Länge nach halbieren.

2 Die Spargelstücke in kochendem Wasser 1 Minute blanchieren, abtropfen lassen, in kaltes Wasser tauchen und erneut abtropfen lassen.

3 Die Pita-Brote auf Backbleche legen und mit jeweils 1 Teelöffel Tomatensauce bestreichen.

4 Die beiden Käsesorten mischen und auf die Pita-Brote verteilen.

5 Räucherlachs in 16 dünne Streifen schneiden und mit den Spargelstücken auf den Pita-Brote verteilen.

6 Mit etwas Olivenöl beträufeln und mit Salz und Pfeffer würzen.

7 Die Pita-Brote im vorgeheizten Ofen bei 200 °C 8–10 Minuten backen, mit Petersilie garnieren und sofort servieren.

Kleine Zwiebel-Pizzas

Für 4 Personen

100 g Weizenmehl Type 550, plus etwas mehr zum Bestäuben
½ TL Trockenhefe
½ TL Salz
1 EL Olivenöl
125–250 ml lauwarmes Wasser

BELAG
4 EL Olivenöl
1 große Zwiebel, in dünne Ringe geschnitten
1 TL brauner Zucker
1 TL Balsamico-Essig
50 g Feta, Mozzarella oder Gorgonzola, gerieben

1 Mehl, Hefe und Salz in einer Schüssel mischen und mit der Hälfte des Öls beträufeln. Eine Mulde in die Mitte drücken und 125 ml Wasser hineingießen. Die Zutaten verkneten, dabei so viel Wasser dazugeben, dass ein fester Teig entsteht. Den Teig auf einer leicht bemehlten Arbeitsfläche glatt kneten. Falls nötig, noch etwas Mehl einarbeiten. Die Schüssel mit dem restlichen Öl einfetten. Den Teig hineingeben und wenden. Abgedeckt 1 Stunde gehen lassen.

2 Für den Belag das Öl in einer Pfanne erhitzen und die Zwiebeln bei mittlerer Hitze 10 Minuten andünsten. Mit Zucker bestreuen und unter gelegentlichem Rühren 5 Minuten dünsten. Den Essig hinzufügen und weitere 5 Minuten garen. Die Pfanne vom Herd nehmen und auskühlen lassen.

3 Den Backofen auf 220 °C vorheizen. Wenn der Teig sein Volumen verdoppelt hat, kurz durchkneten. Den Teig in 4 gleich große Portionen teilen und diese zu dünnen Kreisen ausrollen. Die Teigkreise auf ein Backblech legen, mit Zwiebeln und Käse belegen. Im Ofen 10 Minuten backen. Sofort servieren.

1

1

2

Kleine Artischocken-Pizzas

Ergibt 12 Stück

525 g Weizenmehl Type 405, plus etwas mehr zum Bestäuben
1 Päckchen Backpulver
1 TL Salz
75 g Butter, gewürfelt
300–375 ml Milch
Olivenöl, zum Einfetten

BELAG

175 ml küchenfertige Pizzasauce
50 g Gorgonzola, in Scheiben geschnitten
125 g Artischockenherzen aus der Dose, abgetropft und in Scheiben geschnitten
2 Schalotten, gehackt
50 g Gruyère, gerieben
4 EL frisch geriebener Parmesan
½ TL getrockneter Oregano
Olivenöl, zum Beträufeln
Salz und Pfeffer

1 Den Backofen auf 200 °C vorheizen. Für die Teigböden den Schritten 1 und 2 auf Seite 222 folgen.

2 Für den Belag die Teigböden bis zum Rand mit Pizzasauce bestreichen. Mit Gorgonzola- und Artischockenscheiben sowie Schalotten belegen. Gruyère und Parmesan in einer Schüssel mischen und über die Pizzas streuen. Mit Oregano bestreuen und mit Olivenöl beträufeln. Nach Geschmack salzen und pfeffern.

3 Im Backofen 10–15 Minuten backen, bis die Teigränder knusprig sind und der Käse Blasen wirft. Sofort servieren.

1

2

2

Crostini alla Fiorentina

Für 4 Personen

3 EL Olivenöl
1 Zwiebel, gehackt
1 Selleriestange, in Scheiben geschnitten
1 Karotte, gewürfelt
1–2 Knoblauchzehen, zerdrückt
150 g Hühnerleber
150 g Kalbs-, Lamm- oder Schweineleber
150 ml Rotwein
1 EL Tomatenmark
2 EL frisch gehackte Petersilie, plus etwas mehr zum Garnieren
3–4 Sardellenfilets, fein gehackt
2 EL Brühe oder Wasser
Salz und Pfeffer
2–3 EL Butter
1 EL Kapern
frisch geröstetes Brot, zum Servieren

1 Das Olivenöl in einer Pfanne erhitzen. Zwiebel, Sellerie, Karotte und Knoblauch zufügen und 4–5 Minuten bei geringer Hitze dünsten.

2 Unterdessen die Hühnerleber abspülen und mit Küchenpapier trockentupfen. Dann die Kalbsleber trockentupfen und in Streifen schneiden. Die Leber in die Pfanne geben und bei geringer Hitze einige Minuten von allen Seiten anbräunen.

3 Die Hälfte des Weins zugeben und etwas einkochen lassen. Dann den restlichen Wein, Tomatenmark, die Hälfte der Petersilie, Sardellenfilets, Brühe oder Wasser sowie etwas Salz und reichlich schwarzen Pfeffer zufügen.

4 Pfanne abdecken. Unter gelegentlichem Rühren 15–20 Minuten köcheln lassen.

5 Mischung etwas abkühlen lassen und grob hacken oder pürieren.

6 Das Püree wieder in die Pfanne geben. Butter, Kapern und die restliche Petersilie unterrühren und vorsichtig erhitzen, bis die Butter schmilzt. Abschmecken und auf geröstetem Brot mit Petersilie bestreut servieren.

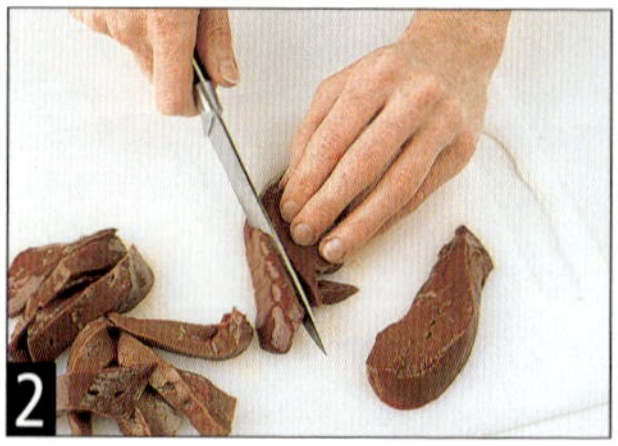
2

3

6

Gefüllte Croustades

Ergibt 48 Stück

600 g Butter
12 dicke Scheiben Weißbrot
KÄSE-TOMATEN-FÜLLUNG
Tapenade (s. S. 233, Schritt 1)
Mozzarella, in dünne Scheiben geschnitten
Kirschtomaten, halbiert
frisches Basilikum, zum Garnieren
KREBSFLEISCH-FÜLLUNG
125 g Krebsfleisch aus der Dose, abgetropft
125 g Mayonnaise
1 Prise Selleriesalz
2 hart gekochte Eier
frischer Dill, zum Garnieren

1 Den Backofen auf 180 °C vorheizen. Die Croustades in 4 Portionen zubereiten. 125 g Butter in einer kleinen Pfanne bei geringer Hitze zerlassen. Unterdessen aus 3 Brotscheiben 12 Kreise mit ca. 7,5 cm Ø ausstechen. Die Pfanne mit der zerlassenen Butter vom Herd nehmen. Die Brotkreise in der Butter tränken und fest in die Vertiefungen einer Mini-Muffinform drücken.

2 Eine zweite Mini-Muffinform zur Stabilisierung darauf setzen. Alternativ Kugeln aus Alufolie leicht in die Mulden drücken. Croustades 15–20 Minuten knusprig backen. Auf einem Kuchengitter auskühlen lassen, unterdessen die übrigen Portionen zubereiten. Die erkalteten Croustades füllen, garnieren und sofort servieren.

3 Für die Käse-Tomaten-Croustades die Croustades mit Tapenade füllen, mit je einer Scheibe Mozzarella und einer Tomatenhälfte belegen und einem Basilikumblatt garnieren.

4 Für die Krebsfleisch-Croustades das Krebsfleisch in eine Schüssel geben, mit einer Gabel zerkleinern und mit Mayonnaise und Selleriesalz verrühren. Die Eier pellen, fein würfeln und unterrühren. In die Croustades füllen und mit Dill garnieren.

1

3

4

Crostini mit Ei und Tapenade

Ergibt 8 Stück

1 kleines Baguette
8 schwarze Oliven, entsteint
4 hart gekochte Eier
4 Tomaten, in Scheiben geschnitten
4 Sardellenfilets in Olivenöl, abgegossen (Öl aufbewahren) und der Länge nach halbiert
Friséesalatblätter, zum Garnieren

TAPENADE

75 g entsteinte schwarze Oliven
6 Sardellenfilets in Öl, abgegossen (Öl aufbewahren)
2 EL Kapern, abgespült
2 Knoblauchzehen, grob gehackt
1 TL Dijon-Senf
2 EL Zitronensaft
1 TL frischer Thymian
Pfeffer

1 Für die Tapenade Oliven, Sardellenfilets, Kapern, Knoblauch, Senf, Zitronensaft, Thymian und etwas Pfeffer in der Küchenmaschine glatt pürieren. Ggf. die Tapenade an der Innenwand der Küchenmaschine nach unten schaben. Bei laufendem Gerät nach und nach das von den Sardellenfilets abgegossene Öl zugeben, bis eine glatte Paste entstanden ist. Die Tapenade in eine Schüssel füllen und mit Frischhaltefolie abdecken.

1

2 Den Backofengrill vorheizen. Das Baguette in 8 Scheiben schneiden. Auf ein Backblech legen und unter dem Grill von beiden Seiten goldbraun rösten. Auskühlen lassen.

2

3 Unterdessen die Eier pellen und in Scheiben schneiden. Die Oliven halbieren. Die Brotscheiben dünn mit Tapenade bestreichen und mit je einer Scheibe Tomate und Ei belegen. Eine kleine Haube Tapenade auf das Ei setzen. Je ein Sardellenfilet und 2 Olivenhälften darauf anrichten. Mit Salatblättern garniert servieren.

3

Mozzarella-Ecken

Für 4 Personen

8 Scheiben altbackenes Toastbrot, ohne Rinde
100 g Mozzarella, in dicke Scheiben geschnitten
40 g schwarze Oliven, entsteint und gehackt
8 eingelegte Sardellenfilets, abgetropft und gehackt
16 frische Basilikumblätter
Salz und Pfeffer
4 Eier, verquirlt
150 ml Milch
Öl, zum Frittieren
frisches Basilikum, zum Garnieren

1 Die Brotscheiben diagonal halbieren. 8 Brotdreiecke mit Mozzarella, Oliven und Sardellenfilets belegen.

2 Mit den Basilikumblättern belegen. Salzen und pfeffern.

3 Die Toasts mit den anderen 8 Brotdreiecken bedecken und diese leicht andrücken.

4 Eier und Milch verquirlen und in eine große flache Auflaufform gießen. Die Dreiecke 5 Minuten in der Eiermilch tränken.

5 Das Öl in einer Pfanne auf 180–190 °C erhitzen (ein Brotwürfel sollte in 30 Sekunden goldbraun sein).

6 Vor dem Frittieren die Ränder der Brotdreiecke noch einmal zusammendrücken.

7 Die Dreiecke vorsichtig in das heiße Fett geben und von beiden Seiten 2 Minuten goldgelb frittieren. Herausnehmen und auf Küchenpapier abtropfen lassen. Mit Basilikum garniert sofort servieren.

Basilikum-Zucchini-Toast

Für 4 Personen

4 Scheiben Weißbrot
50 g Butter, zerlassen
4 Eier
500 ml Milch
1 kleine Zwiebel, fein gehackt
1 Zucchini, geraspelt
125 g frisch geriebener Käse
200 g frische Semmelbrösel
1 EL frisch gehacktes Basilikum
Salz und Pfeffer
1 Prise Paprika
2 EL frisch geriebener Parmesan

1 Backofen auf 190 °C vorheizen. Die Brotscheiben von der Rinde befreien und in die Vertiefungen einer Muffinform drücken. Sorgfältig mit der zerlassenen Butter bestreichen.

2 Die Eier gut verquirlen und die Milch unterrühren. Zwiebelwürfel, Zucchiniraspel, Käse, Semmelbrösel und Basilikum dazugeben. Salzen, pfeffern und gut vermengen.

3 Die Eimischung in die Brotförmchen füllen. Mit Paprika und Parmesan bestreuen. Im Backofen 45 Minuten backen, bis die Füllung fest und goldbraun ist.

4 Die Toasts 10 Minuten in der Muffinform abkühlen lassen und auf einem Servierteller anrichten.

1

2

3

Herzhafte Tortilla-Ecken

Für 6 Personen

Pflanzenöl, zum Einfetten
10 Weizenmehl-Tortillas
500 g frisch geriebener Käse
225 g Kochschinken, gewürfelt
Salsa, nach Belieben
Kräuter-Crème-Fraîche,
zum Servieren

VARIATION

Für eine vegetarische Version statt Schinken 225 g in dünne Scheiben geschnittene Pilze verwenden, die mit Olivenöl und 1 zerdrückten Knoblauchzehe mariniert wurden. Sehr gut schmecken auch in Knoblauch und Olivenöl gedünstete frische Spinatblätter.

TIPP

Beim Wenden der Tortillas sollten Sie sicherheitshalber Topfhandschuhe verwenden.

1 Eine beschichtete Pfanne mit etwas Öl einfetten. Eine Tortilla in die kalte Pfanne geben und mit einer Käse-Schinken-Schicht belegen. Eine zweite Tortilla großzügig mit Salsa bestreichen und mit der bestrichenen Seite auf die Käse-Schinken-Tortilla legen.

2 Die Pfanne auf den Herd stellen und die Tortillas bei mittlerer Hitze so lange braten, bis der Käse zerlaufen und die untere Tortilla goldbraun ist.

3 Einen Teller auf die Pfanne legen. Den Teller mit einer Hand gut festhalten und die Pfanne rasch, aber vorsichtig umdrehen.

4 Die so gewendeten Tortillas in die Pfanne zurückgleiten lassen und so lange braten, bis auch die zweite Tortilla goldbraun ist.

5 Die Tortillas aus der Pfanne nehmen. Mit den restlichen Tortillas ebenso verfahren. Die Tortillas achteln und mit Kräuter-Crème-Fraîche servieren.

Mini-Focaccia

Für 4 Personen

350 g Weizenmehl

½ TL Salz

1 Päckchen Trockenhefe

2 EL Olivenöl

250 ml lauwarmes Wasser

100 g grüne oder schwarze Oliven, halbiert

BELAG

2 rote Zwiebeln, in Ringe geschnitten

2 EL Olivenöl

1 TL Meersalz

1 EL frischer Thymian

1 Mehrere Backbleche leicht einfetten. Mehl und Salz in eine große Schüssel sieben, die Trockenhefe unterrühren, dann Olivenöl und Wasser zufügen und alles zu einem weichen Teig vermischen.

2 Den Teig auf einer leicht bemehlten Arbeitsfläche 5 Minuten gründlich durchkneten.

3 Dann den Teig in eine eingefettete Schüssel geben, abdecken und an einem warmen Ort 1–1½ Stunden gehen lassen, bis er sein Volumen verdoppelt hat. Danach erneut 1–2 Minuten durchkneten.

4 Die Hälfte der Oliven in den Teig kneten. Den Teig vierteln und zu 4 Fladen formen. Auf die Backbleche legen und Vertiefungen hineindrücken.

5 Den Backofen auf 190 °C vorheizen. Für den Belag die Zwiebeln und die restlichen Oliven auf die Teigfladen streuen, etwas Olivenöl darüber träufeln und mit Meersalz und Thymian bestreuen. Abgedeckt 30 Minuten gehen lassen.

6 Die Brote im Ofen 20–25 Minuten goldbraun backen. Auf ein Kuchengitter legen und vor dem Servieren abkühlen lassen.

VARIATION

Aus der gleichen Teigmenge können Sie auch einen großen Focaccia-Laib herstellen.

Pizza-Brötchen mit Tomaten

Für 8 Personen

250 g Weizenmehl
½ TL Salz
1 Päckchen Trockenhefe
100 g Butter, zerlassen und leicht abgekühlt
3 EL warme Magermilch
2 Eier, verquirlt
50 g getrocknete Tomaten in Öl, abgetropft und fein gehackt
Magermilch, zum Bestreichen

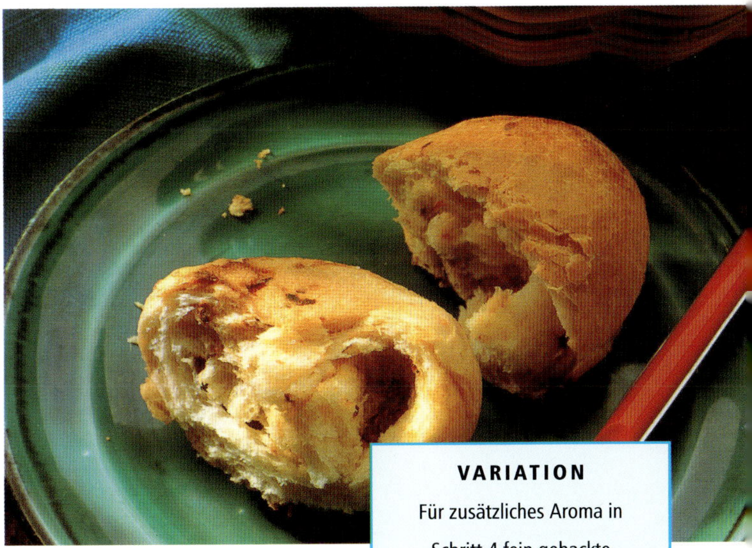

VARIATION

Für zusätzliches Aroma in Schritt 4 fein gehackte Sardellenfilets oder Oliven zum Teig geben.

1 Ein Backblech leicht einfetten. Mehl und Salz in eine große Schüssel sieben, Trockenhefe unterrühren, dann Butter, Milch und Eier zufügen und alles zu einem Teig mischen.

2 Den Teig auf einer leicht bemehlten Arbeitsfläche 5 Minuten gründlich durchkneten.

3 Dann in eine eingefettete Schüssel geben, abdecken und an einem warmen Ort 1–1½ Stunden gehen lassen, bis er sein Volumen verdoppelt hat. Danach den Teig erneut 2–3 Minuten durchkneten.

4 Die Tomaten in den Teig kneten. Dabei die Arbeitsfläche zusätzlich mit etwas Mehl bestäuben, da die Tomaten ziemlich viel Öl abgeben. Den Teig in 8 kleine Kugeln aufteilen, diese auf das Backblech legen, abdecken und an einem warmen Ort 30 Minuten gehen lassen, bis sich ihr Volumen verdoppelt hat.

5 Den Backofen auf 230 °C vorheizen. Die Brötchen mit Milch bestreichen und im Ofen 10–15 Minuten goldbraun backen. Auf einen Rost legen und vor dem Servieren etwas abkühlen lassen.

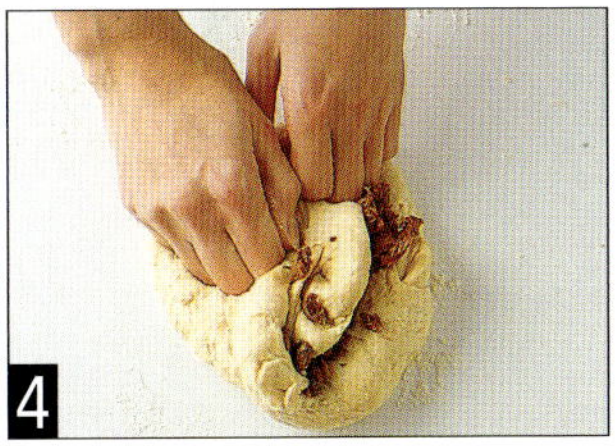
4

4

Käse-Schnittlauch-Brot

Für 8 Personen

225 g Weizenmehl
2 TL Backpulver
1 TL Salz
1 TL Senfpulver
100 g alter pikanter Käse, gerieben
2 TL frisch gehackter Schnittlauch
1 Ei, verquirlt
2 EL Butter, zerlassen
150 ml Magermilch

1 Den Backofen auf 190 °C vorheizen. Eine quadratische Backform mit 24 cm Seitenlänge einfetten und den Boden mit Backpapier auslegen.

2 Mehl, Backpulver, Salz und Senfpulver in eine große Schüssel sieben. 3 Esslöffel geriebenen Käse beiseite stellen. Den restlichen Käse mit dem Schnittlauch an die Mehlmischung geben und gut unterrühren. Ei, Butter und Milch zufügen und alles gut vermengen.

TIPP

Für dieses Rezept können Sie jeden alten Hartkäse verwenden, z. B. Cheddar, mittelalten oder pikanten Gouda.

3 Den fertigen Teig in die vorbereitete Form geben, mit einem Messer glatt streichen und mit dem beiseite gestellten Käse bestreuen.

4 Das Brot 30 Minuten im Backofen backen. Das fertige Brot etwas abkühlen lassen, dann in Dreiecke geschnitten servieren.

2

2

3

Olivenkuchen

1 Kuchen (Ø 20 cm)

- Butter, zum Einfetten
- 250 g schwarze und/oder grüne Oliven, entsteint
- 300 g Mehl
- 3 TL Backpulver
- 4 große Eier
- 1 EL Zucker
- Salz und Pfeffer
- 125 ml Milch
- 125 ml Olivenöl

TIPP

Der Olivenkuchen hält sich luftdicht verschlossen bis zu 2 Tage.

1 Eine runde Springform (20 cm Ø) einfetten und den Boden mit Backpapier auslegen. Die Oliven in eine Schüssel geben. Mehl und Backpulver verrühren und 2 Esslöffel davon über die Oliven streuen.

2 Die Eier in einer Schüssel leicht verquirlen. Den Zucker unterrühren und alles mit Salz und Pfeffer würzen. Milch und Olivenöl einrühren.

3 Das restliche Mehl sowie die Oliven in die Schüssel geben und alles zu einem Teig verrühren. Den Teig in die vorbereitete Form füllen und glatt streichen.

4 Den so vorbereiteten Kuchen in einem auf 200 °C vorgeheizten Backofen etwa 45 Minuten backen. Dann die Hitze auf 160 °C reduzieren und den Kuchen weitere 15 Minuten backen, bis er goldbraun und aufgegangen ist und sich an den Rändern leicht von der Form löst.

5 Den fertigen Kuchen aus dem Backofen nehmen und 20 Minuten in der Form abkühlen lassen. Dann aus der Form nehmen, das Backpapier entfernen und den Kuchen vollständig auskühlen lassen.

2

3

5

Würzige Brotfladen

Für 4 Personen

4 Pita-Brote oder Bagels
2 EL Olivenöl oder zerlassene Butter

BELAG

1 TL Schwarzkümmel, Dill, Kreuzkümmel oder zerdrückte Koriandersamen (nach Belieben)
1 TL frisch gehackter Rosmarin (nach Belieben)
1 TL grobes Meersalz (nach Belieben)
2 Knoblauchzehen, fein gehackt (nach Belieben)

1 Den Backofen auf 200 °C vorheizen. Die Pita-Brote oder Bagels durchschneiden.

2 Die Pita-Brote oder Bagels mit Öl oder Butter bestreichen.

3 Die Brote auf ein Backblech legen und mit dem Belag Ihrer Wahl bestreuen. Im Ofen 5 Minuten goldbraun und knusprig rösten. In Streifen oder Dreiecke schneiden und mit einer kleinen Auswahl an Dips und Aufstrichen (s. S. 10–55) servieren.

1

2

3

Ziegenkäse-Schnittlauch-Crostini

Für 4 Personen

125 ml natives Olivenöl extra

8 Scheiben Baguette oder Ciabatta-Brot, in 1-cm-Scheiben geschnitten

125 g Ziegenkäse

Pfeffer

1 EL frisch gehackter Schnittlauch

1 Den Backofen auf 180 °C vorheizen. Das Olivenöl in eine große flache Auflaufform gießen, die Brotscheiben hineinlegen und 1–2 Minuten einweichen. Dann wenden und weitere 2 Minuten einweichen. Die Brotscheiben sollten komplett vollgesogen sein.

2 Unterdessen den Ziegenkäse in 8 dünne Scheiben schneiden oder zerkrümeln.

3 Die Brotscheiben auf ein Backblech legen und im Ofen 5 Minuten rösten, wenden, mit dem Käse belegen und großzügig mit gemahlenem Pfeffer würzen.

4 Die Crostini 5 Minuten im Ofen überbacken, auf einem Servierteller anrichten, mit Schnittlauch bestreuen und sofort servieren.

Sesam-Brotstangen

Ergibt 32 Stück

175 g Weizenmehl Type 1050, plus etwas mehr zum Bestäuben
225 g Weizenvollkornmehl
1 Päckchen Trockenhefe
2 TL Salz
½ TL Zucker
ca. 500 ml lauwarmes Wasser
4 EL Olivenöl, plus etwas mehr zum Einfetten
1 Eiweiß, leicht verquirlt
Sesamsaat, zum Bestreuen

4

5

1 Mehle, Hefe, Salz und Zucker in einer großen Schüssel mischen und eine Vertiefung in die Mitte drücken. Fast alles Wasser und das Öl hineingießen und nach und nach mit dem Mehl zu einem Teig verarbeiten, falls nötig das restliche Wasser dazugeben.

2 Den Teig auf einer leicht bemehlten Arbeitsfläche 10 Minuten glatt kneten. Die Schüssel säubern und leicht mit Olivenöl einfetten.

3 Den Teig zu einer Kugel formen, in die Schüssel geben und einmal wenden, damit er mit Öl überzogen ist. Mit einem Tuch oder einer eingefetteten Frischhaltefolie bedecken und an einem warmen Ort gehen lassen, bis sich das Teigvolumen verdoppelt hat.

6

4 Den Backofen auf 230 °C vorheizen. Ein Backblech mit Backpapier auslegen. Den Teig auf einer leicht bemehlten Arbeitsfläche leicht durchkneten, halbieren und jeweils zu einem 40 cm langen Strang formen. Die Stränge in 8 gleich große Portionen teilen. Diese wiederum halbieren, um 32 Teigstücke zu erhalten.

5 Die Teigstücke mit einem Tuch oder Frischhaltefolie abdecken, damit sie nicht austrocknen. Auf einer leicht bemehlten Arbeitsfläche nacheinander zu 25 cm langen Stangen formen und auf das Backblech legen.

6 Abdecken und 10 Minuten gehen lassen. Die Stangen mit Eiweiß bestreichen und reichlich mit Sesam bestreuen. Im Ofen 10 Minuten backen.

7 Die Stangen erneut mit Eiweiß bestreichen und weitere 5 Minuten goldbraun und knusprig backen. Die Brotstangen zum Auskühlen auf ein Kuchengitter setzen.

Käsestangen

Ergibt 60 Stück

175 g Weizenmehl Type 405, plus etwas mehr zum Bestäuben
Salz und Pfeffer
Cayennepfeffer
Senfpulver
125 g Butter, gewürfelt, plus etwas mehr zum Einfetten
75 g frisch geriebener Parmesan oder Pecorino-Käse
2 Eigelb
1–2 EL kaltes Wasser (nach Bedarf)
1 Eiweiß, leicht verquirlt, zum Bestreichen

1 Das Mehl und jeweils 1 Prise Salz, Pfeffer, Cayennepfeffer und Senfpulver in eine Schüssel sieben. Die Butter dazugeben und mit den Fingern fein krümelig verreiben. Den Parmesan oder Pecorino untermischen. Die Eigelb und nach Bedarf etwas kaltes Wasser zum Binden einarbeiten. Den Teig zu einer Kugel formen.

2 Den Backofen auf 220 °C vorheizen. Mehrere Backbleche einfetten. Den Teig auf einer leicht bemehlten Arbeitsfläche 1 cm dick ausrollen und mit einem scharfen Messer in fingerdicke Stangen schneiden.

3 Die Stangen auf die Backbleche legen und mit Eiweiß bestreichen. Im Ofen 8–10 Minuten goldbraun backen. Auf den Backblechen vollständig auskühlen lassen. Bis zum Servieren in einem luftdichten Behälter aufbewahren. Am besten schmecken die Käsestangen ganz frisch.

Schnittlauch-Cracker

Ergibt 25 Stück

- 50 g weiche Butter, plus etwas mehr zum Einfetten
- 2 EL frisch gehackter Schnittlauch
- 125 g Weizenmehl Type 405, plus etwas mehr zum Bestäuben
- 2 EL frisch geriebener Parmesan
- 1 Eigelb
- 2–3 EL eiskaltes Wasser
- 3 Knoblauchzehen, fein gehackt
- 1 Eigelb, verquirlt, zum Bestreichen

1 Butter und Schnittlauch in einer Schüssel mit einem Holzlöffel oder einer Gabel gut verrühren.

2 Das Mehl in eine zweite Schüssel sieben und mit Parmesan mischen. Die Schnittlauchbutter zugeben und mit den Fingern feinkrümelig verreiben. Eigelb und so viel Wasser einarbeiten, dass ein glatter Teig entsteht. Den Teig zu einer Kugel formen und in Frischhaltefolie 30 Minuten kalt stellen.

3 Backofen auf 200 °C vorheizen. Ein Backblech leicht mit Butter einfetten. Den Teig auf einer leicht bemehlten Arbeitsfläche ausrollen und gleichmäßig mit dem Knoblauch bestreuen. Den Teig zusammenklappen und dünn ausrollen. Mit einer runden Plätzchenschablone mit gewelltem Rand (6 cm Ø) Plätzchen ausstechen.

4 Die Plätzchen auf das Backblech legen und mit Eigelb bestreichen. Im Ofen 15–20 Minuten goldbraun backen. Einige Minuten auf dem Backblech abkühlen lassen. Auf ein Kuchengitter setzen und vollständig auskühlen lassen. Bis zum Verzehr in einem luftdichten Behälter aufbewahren.

2

3

4

Schinken-Parmesan-Röllchen

Für 4 Personen

1 kleines Kastenweißbrot
4 EL Butter, Senf oder Doppelrahmfrischkäse
4 Scheiben gekochter Schinken
4 EL frisch geriebener Parmesan
8 getrocknete Tomaten

VARIATION

Sie können nach Belieben auch rohen oder geräucherten Schinken verwenden. Eine andere Alternative ist geräucherter Lachs mit Frischkäse.

1 Den Backofen auf 180 °C vorheizen. Ein Backblech leicht einfetten. Das Weißbrot von der Rinde befreien und quer in 4 Scheiben schneiden. Die Brotscheiben mit einem Teigroller zwischen zwei Lagen Backpapier ausrollen.

1

2 Die Brotscheiben mit Butter, Senf oder Frischkäse bestreichen, mit dem Schinken belegen und dem Parmesan bestreuen. Die getrockneten Tomaten fein hacken und gleichmäßig darauf verteilen.

2

3 Die Brotscheiben an der Längsseite aufrollen und die Roulade in 1 cm dicke Scheiben schneiden. Die Scheiben auf das Backblech legen und im Ofen 5 Minuten rösten, bis der Parmesan geschmolzen ist. Die Röllchen mit Holzstäbchen feststecken. Warm oder kalt servieren.

3

Sardellenhäppchen

Ergibt 30 Stück

175 g Mehl, plus etwas mehr zum Bestäuben
6 EL Butter, in kleine Würfel geschnitten
4 EL frisch geriebener Parmesan
Salz und Pfeffer
2–3 EL kaltes Wasser
3 EL Dijonsenf

ANCHOIADE
100 g Sardellenfilets aus der Dose, abgetropft
125 ml Milch
2 Knoblauchzehen, grob gehackt
1 EL frisch gehackte glatte Petersilie
1 EL frisch gehacktes Basilikum
1 EL Zitronensaft
2 EL abgezogene Mandeln, geröstet und grob gehackt
4 EL Olivenöl

1 Das Mehl für den Teig in eine große Schüssel sieben und die Butter feinkrümelig verreiben. Die Hälfte des Parmesans und das Salz einrühren. Mit Wasser zu einem festen Teig verarbeiten. Kurz durchkneten, in Frischhaltefolie einschlagen und 30 Minuten im Kühlschrank kalt stellen.

2 Unterdessen die Sardellen für die Anchoiade in einer kleinen Schüssel mit Milch bedecken. 10 Minuten ziehen lassen. Die Sardellen abgießen und mit Küchenpapier trockentupfen. Die Milch weggießen.

3 Die Sardellen grob hacken und mit Knoblauch, Petersilie, Basilikum, Zitronensaft, Mandeln und 2 Esslöffeln Öl im Mixer glatt pürieren. Den Mixer gründlich ausleeren, die Paste mit dem restlichen Öl verrühren und alles mit Pfeffer würzen. Anschließend beiseite stellen.

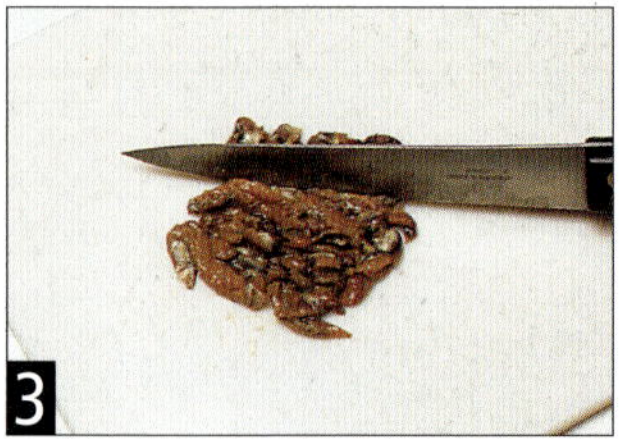

4 Den Teig aus dem Kühlschrank nehmen und sehr dünn zu einem großen Rechteck ausrollen. Dünn mit 2 Esslöffeln Anchoiade und Senf bestreichen. Mit dem restlichen Parmesan und mit etwas Pfeffer bestreuen.

5 Von einer Längsseite her fest einrollen und schräg in 1 cm dicke Scheiben schneiden. Mit ausreichendem Abstand auf einem beschichteten Backblech auslegen.

6 Den Backofen auf 200 °C vorheizen. Die Häppchen 20 Minuten goldgelb backen. Abkühlen lassen.

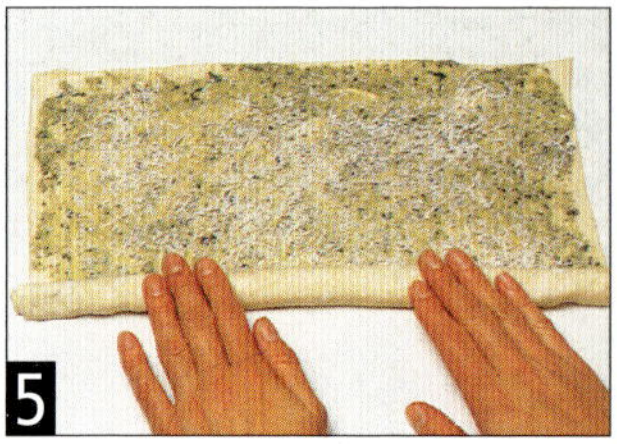